平成26年改正会社法のポイントと実務
―施行規則完全対応―

改正会社法研究会 [編著]

財経詳報社

はしがき

　本書は，平成26年会社法改正のポイントにつき解説したものであり，同改正法の法務省令（会社法施行規則・会社計算規則）にも対応している。平成26年会社法改正については，あまたの類書がある。その中で，本書の特徴をあげるならば，(1)実務家の当用の便に供する実務書であることを徹底しつつ，(2)普段あまり会社法に接する機会が少ない者（実務家を含む）への学習指南の役割を果たすという，両立しない二兎を敢えて追ったところに求められるのではないかと考えている。

　具体的にいうと，前者については，個々の制度の解説，最新の法務省令への対応といったことは当然のことながら，経過措置や登記事項の改正にまで目配りをしているし，後者については，冒頭に「改正のポイント」を簡潔に示した上で，従前の制度と対比しやすいよう，改正の経緯，改正の詳細をポイント毎にまとめて解説することにしている。また，改正会社法は慣れないと条文を引きづらいと思われるので，本書では，各ページのタイトルに，関係する主な改正法の条文を示すこととした。これも後者に関する工夫の一環といえる。

　平成17年に制定された会社法典も，制定から約10年を経て，オーバーホールの時期を迎えた。資本主義のインフラともいうべき会社制度を取り扱う会社法は，社会の変化に迅速に対応すべく，絶えざる改正を宿命として負っている。

　かような折，実務家として，研究者として，会社法に携わるわれわれは，本書の執筆を通じて会社法改正に向き合い，われわれ自身の会社法に関する知見をオーバーホールすることとなった。会社法が抱える宿命は，同時にわ

　　　　　　　　　は　し　が　き

れわれの宿命でもある。本書の執筆はそのことを痛感する得難い体験であった。
　われわれのかかる体験の結晶ともいうべき本書が，会社法に携わる方々の今後の一助となれば，我々執筆者として望外の喜びである。
　本書の出版に当たっては，財経詳報社の宮本弘明氏に大変お世話になった。執筆者を代表して，ここに厚くお礼申し上げる。

　　　　　　　　　　　　　　　　　　　　　　　執筆者を代表して
　　　　　　　　　　　　　　　　　　　　　　　　植　松　　　勉
　　　　　　　　　　　　　　　　　　　　　　　　松　嶋　隆　弘

目　　次

はしがき

第1編　定義規定の改正 ——————————————— 1

NO.01　子会社等及び親会社等の定義の創設 ……………… 2
　Ⅰ　これまでの制度………2
　Ⅱ　改正の経緯………3
　Ⅲ　改正の詳細………4
　Ⅳ　経過措置………6

第2編　株式・新株予約権に関する改正 ——————— 7

NO.02　仮装払込みによる募集株式・募集新株予約権の発行等 …… 8
　Ⅰ　これまでの制度………8
　Ⅱ　改正の経緯………8
　Ⅲ　改正の詳細………9
　Ⅳ　経過措置………16

NO.03　発行可能株式総数 ——————————————— 17
　Ⅰ　これまでの制度………17
　Ⅱ　改正の経緯………18
　Ⅲ　改正の詳細………18

目　　次

　　Ⅳ　経過措置………19

NO.04　定款変更等における株式買取請求 …………………………… 21

　　Ⅰ　これまでの制度………21
　　Ⅱ　改正の経緯………22
　　Ⅲ　改正の詳細………23
　　Ⅳ　経過措置………26

NO.05　利益供与，質権 ……………………………………………………… 27

　　Ⅰ　これまでの制度………27
　　Ⅱ　改正の経緯………28
　　Ⅲ　改正の詳細………29
　　Ⅳ　経過措置………31

NO.06　株主名簿等の閲覧等の請求の拒絶事由 ……………………… 32

　　Ⅰ　これまでの制度………32
　　Ⅱ　改正の経緯………33
　　Ⅲ　改正の詳細………35
　　Ⅳ　経過措置………35

NO.07　募集株式・募集新株予約権が
　　　　　譲渡制限株式の場合等の総数引受契約 ……………………… 36

　　Ⅰ　改正の経緯………37
　　Ⅱ　改正の詳細………38
　　Ⅲ　経過措置………39

NO.08　支配株主の異動を伴う
　　　　　募集株式・募集新株予約権の発行等 ………………………… 41

　　Ⅰ　これまでの制度………41

- II 改正の経緯………42
- III 改正の詳細………42
- IV 経過措置………52

NO.09　新株予約権無償割当てに関する割当て通知 …………… 53

- I これまでの制度………53
- II 改正の経緯………53
- III 改正の詳細………54
- IV 経過措置………55

第3編　キャッシュ・アウトに関する改正 ────── 57

NO.10　全部取得条項付種類株式の取得 ……………………………… 58

- I これまでの制度………58
- II 改正の経緯………59
- III 改正の詳細………59
- IV 経過措置………64

NO.11　特別支配株主による株式等売渡請求 ……………………… 65

- I これまでの制度………65
- II 改正の経緯………67
- III 改正の詳細………77

NO.12　株式の併合により端数となる株式の買取請求 ………… 89

- I これまでの制度………89
- II 改正の経緯………90
- III 改正の詳細………92
- IV 実務への影響………98

v

　　　　　　　目　次

　Ⅴ　経過措置………99

第4編　機関に関する改正 ―――――――――― 101

NO.13　社外取締役の要件 …………………………… 102

　Ⅰ　これまでの制度………102
　Ⅱ　改正の経緯………102
　Ⅲ　改正の詳細………104
　Ⅳ　経過措置………113

NO.14　社外監査役の要件 …………………………… 114

　Ⅰ　これまでの制度………114
　Ⅱ　改正の経緯………115
　Ⅲ　改正の詳細………115
　Ⅳ　経過措置………122

NO.15　社外取締役を置いていない場合の理由の開示 ……… 123

　Ⅰ　これまでの制度………123
　Ⅱ　改正の経緯………123
　Ⅲ　改正の詳細………124
　Ⅳ　経過措置………130

NO.16　会計監査人の選任等に関する議案の内容の決定 ……… 131

　Ⅰ　これまでの制度………131
　Ⅱ　改正の経緯………131
　Ⅲ　改正の詳細………132
　Ⅳ　経過措置………134

NO.17　企業集団の業務の適正確保に必要な体制の整備 ……… 135

- Ⅰ　これまでの制度………135
- Ⅱ　改正の経緯………136
- Ⅲ　改正の詳細………136

NO.18　監査等委員会設置会社制度 ……… 138

- Ⅰ　これまでの制度………138
- Ⅱ　改正の経緯………139
- Ⅲ　改正の詳細………141
- Ⅳ　経過措置………159

NO.19　取締役及び監査役の責任の一部免除 ……… 161

- Ⅰ　これまでの制度………161
- Ⅱ　改正の経緯………163
- Ⅲ　改正の詳細～責任限定契約を締結できる者の範囲の拡大………165
- Ⅳ　改正の詳細～最低限度額の見直し………168
- Ⅴ　経過措置………169

第5編　事業譲渡・組織再編に関する改正 ——— 171

NO.20　親会社による子会社の株式等の譲渡 ……… 172

- Ⅰ　これまでの制度………172
- Ⅱ　改正の経緯………172
- Ⅲ　改正の詳細………172
- Ⅳ　経過措置………175

NO.21　詐害的な会社分割・事業譲渡における債権者の保護 ……… 177

- Ⅰ　これまでの制度………177

Ⅱ 改正の経緯………179
Ⅲ 改正の詳細………180
Ⅳ 経過措置………185

NO.22 会社分割において分割会社に知れていない債権者の保護 …… 186

Ⅰ これまでの制度………186
Ⅱ 改正の経緯………187
Ⅲ 改正の詳細………188
Ⅳ 経過措置………189

NO.23 組織再編の差止請求 …… 190

Ⅰ これまでの制度………190
Ⅱ 改正の経緯………192
Ⅲ 改正の詳細………195
Ⅳ 経過措置………202

NO.24 組織再編・事業譲渡等における株式買取請求 …… 204

Ⅰ これまでの制度………204
Ⅱ 改正の経緯………205
Ⅲ 改正の詳細………207
Ⅳ 経過措置………209

NO.25 人的分割における準備金の計上に関する特則 …… 210

Ⅰ これまでの制度………210
Ⅱ 改正の経緯………210
Ⅲ 改正の詳細………211
Ⅳ 経過措置………211

第6編　訴訟に関する改正─────────213

NO.26　株主総会等の決議の取消しの訴えの原告適格 ………… 214
- Ⅰ　これまでの制度………214
- Ⅱ　改正の経緯………214
- Ⅲ　改正の詳細………216
- Ⅳ　実務上の留意点………217
- Ⅴ　経過措置………218

NO.27　株主による責任追及等の訴え（株主代表訴訟）………… 219
- Ⅰ　これまでの制度………219
- Ⅱ　改正の経緯………220
- Ⅲ　改正の詳細………220
- Ⅳ　経過措置………222

NO.28　旧株主による責任追及等の訴え ───────────── 223
- Ⅰ　これまでの制度………223
- Ⅱ　改正の経緯………223
- Ⅲ　改正の詳細………224
- Ⅳ　経過措置………229

NO.29　多重代表訴訟 ──────────────────── 230
- Ⅰ　これまでの制度………230
- Ⅱ　改正の経緯………230
- Ⅲ　改正の詳細………231
- Ⅳ　経過措置………249

第 7 編　登記に関する改正 ——————————251

NO.30　登記事項 ……………………………………………………………… 252

　Ⅰ　監査等委員会設置会社について………252
　Ⅱ　責任限定契約を締結している社外取締役等について………253
　Ⅲ　監査役の監査の範囲について………253
　Ⅳ　通達等………258

凡　例

　本書では，平成26年改正後の会社法を「改正会社法」，改正前の会社法を「旧会社法」とし，（　）内においては下記の略語を使用している。

〔法令・通達〕

記入なし……改正会社法（平成26年改正）
旧　　法……旧会社法（平成26年改正前の会社法）
附　　則……改正会社法附則
会施規……会社法施行規則
会計規……会社計算規則
旧商法特例法……株式会社の監査等に関する商法の特例に関する法律
民　　法……民法
民訴法……民事訴訟法
振替法……社債，株式等の振替に関する法律
会社法整備法……会社法の施行に伴う関係法律の整備等に関する法律

〔判例集〕

民　　集……最高裁判所民事判例集
集　　民……最高裁判所裁判集民事

第1編　定義規定の改正

NO.01 子会社等及び親会社等の定義の創設
2条

◆「子会社等」という定義が創設され，子会社のほか，会社以外の者がその経営を支配している法人として法務省令で定めるものが含まれる。
◆「親会社等」という定義が創設され，親会社のほか，株式会社の経営を支配している者（法人であるものを除く。）として法務省令で定めるものが含まれる。

I これまでの制度

　旧会社法には，「子会社」及び「親会社」の定義規定が置かれていた。
　「子会社」とは，「会社」がその経営を支配している法人として法務省令で定めるもの（会社が他の会社等の財務及び事業の方針の決定を支配している場合における当該他の会社等）をいうから（2条3号，旧法会施規3条2項），「会社」以外の者がその経営を支配している法人は，子会社には当たらない※。
　また，「親会社」とは，株式会社の経営を支配している「法人」として法務省令で定めるもの（会社等が株式会社の財務及び事業の方針の決定を支配している場合における当該会社等）をいうから（2条4号，旧法会施規3条1項），株式会社の経営を支配している自然人は，「法人」ではないため，親会社には当たらない。

> ※　旧法務省令では，一部の規定について，親会社が会社でない場合におけるその子会社に相当するものも子会社に含まれると規定されていた。例えば，次のような規定が挙げられる。
> 旧会社法施行規則124条8号：「社外役員が…子会社（当該親会社が会社でない場合におけるその子会社に相当するものを含む。）か

ら…役員としての報酬等を受けているときは，当該報酬等の総額…」

Ⅱ 改正の経緯

(1) 社外役員の要件

　改正会社法においては，社外取締役及び社外監査役の要件が厳格化された（2条15号，16号）（社外役員の要件については，本書102頁参照）。その中の1つとして，改正法では，社外取締役及び社外監査役の要件として，①子会社だけでなく，「会社」以外の者がその経営を支配している法人をも基準とする要件，及び，②親会社だけでなく，それと同様に株式会社の経営を支配している「法人」以外の者をも基準とする要件を設けることとした（2条15号ハないしホ，16号ハないしホ）。

　そこで，①の法人を含む概念として「子会社等」，②の者を含む概念として「親会社等」という定義語が新設された（坂本三郎『一問一答　平成26年改正会社法』93〜94頁（商事法務，2014年））。

(2) 支配株主の異動を伴う募集株式の割当て

　改正会社法は，公開会社における支配株主の異動を伴う募集株式の割当て及び公開会社における募集新株予約権の割当てについて，他の株主保護のため，新たな手続き（会社から株主への通知等）を設けた（206条の2，244条の2）（支配株主の異動を伴う募集株式の発行等については，本書41頁参照）。

　もっとも，公開会社における募集株式の割当て等において，引受人が募集株式の発行等の前から公開会社の親会社である場合には，当該募集株式の発行等は，支配株主の異動を伴うものとはいえないため，株式会社に対して株主への通知を義務付ける規律を及ぼす必要はない。このことは，引受人が自然人であっても，その有する議決権の割合等に鑑み親会社と同等の影響力を有する場合には，同様に妥当する（中間試案補足説明19頁，法制審議会会社法制部会資料14・8頁，同部会資料21・14頁）。そこで，親会社のほかにそのような自然人をも含むものとして，「親会社等」という定義語を新設した。

NO.01　子会社等及び親会社等の定義の創設

　また，支配株主の異動の有無は，当該募集株式の引受人が自然人である場合には，当該自然人がその経営を支配している法人の有する議決権の数も含めて判断することが適切である（206条の２第１項１号，244条の２第１項１号）。そこで，子会社のほか，そのような法人をも含むものとして，「子会社等」という定義語を新設した。

Ⅲ　改正の詳細

(1)　「子会社等」の定義（２条３号の２）

　子会社等とは，①子会社（２条３号の２イ），及び，②会社以外の者がその経営を支配している法人として法務省令で定めるものをいう（同条項号ロ）。
　①については，改正されていない（２条３号，会施規３条２項）。
　②は，会社以外の者が他の会社等の財務及び事業の方針を決定している場合における当該他の会社等である（会施規３条の２第１項，３項）。②についての法務省令は，「財務及び事業の方針の決定を支配している場合」の要件（同条３項）※も含め，子会社の場合（会施規３条２項，３項）と概ね同様の規定であるが，②に自然人が含まれることによる規定や文言が存在する（会施規３条の２第３項２号イ(4)，ロ(1)，(6)，ニ）。

(2)　「親会社等」の定義（２条４号の２）

　親会社等とは，①親会社（同条項号イ），及び，②株式会社の経営を支配している者（法人であるものを除く）として法務省令で定めるものをいう（同条項号ロ）。
　①については，改正されていない（２条４号，会施規３条２項３項）。
　②は，ある者（会社等であるものを除く）が株式会社の財務及び事業の方針を決定している場合における当該ある者である（会施規３条の２第２項）。②についての法務省令は，親会社の場合（会施規３条２項，３項）と概ね同様の規定である。

　　　　　※　「財務及び事業の方針の決定を支配している場合」の要件（会施規３条の２第３項）は次のとおりである。

なお，支配される会社等には，破産手続開始決定等を受けた会社等であって，有効な支配従属関係が存在しないと認められるものは含まれない（同条1号イ～ニ）。

(i) 支配される会社等の議決権の総数に対して，自己（その子会社等を含む。以下同じ）の計算において所有している議決権の数の割合が100分の50を超えている場合（同条項1号）

(ii) 支配される会社等の議決権の総数に対して，自己の計算において所有している議決権の数の割合が100分の40以上である場合であって，かつ，次のいずれかの要件に該当する場合（同条項2号）

　(イ) 支配される会社等の議決権の総数に対して，自己所有等議決権数が100分の50を超えていること（自己所有権議決権数とは，(a)自己の計算において所有している議決権＋(b)自己と出資，取引等において緊密な関係があることにより自己の意思と同一の内容の議決権を行使すると認められる者が所有している議決権＋(c)自己の意思と同一の内容の議決権を行使することに同意している者が所有している議決権＋(d)自己（自然人に限る）の配偶者又は2親等内の親族が所有している議決権，の合計数）

　(ロ) 支配される会社等の取締役会その他これに準ずる機関の構成員総数に対して，自己（自然人に限る），自己の役員，使用人，配偶者等の占める割合が100分の50を超えていること

　(ハ) 支配される会社の重要な財務及び事業の方針の決定を自己が支配する契約等が存在すること

　(ニ) 支配される会社の資金調達額の総額に対して自己が行う融資の額（自己と緊密な関係にある者，及び，自己の配偶者又は二親等内の親族が行う融資の額を含む）の割合が100分の50を超えていること

　(ホ) その他自己が支配される会社等の財務及び事業の方針の決定を支配していることが推測される事実が存在すること

(iii) 支配される会社等の議決権の総数に対する自己所有等議決権数（前述(ii)(イ)括弧内参照）の割合が100分の50を超えている場合であって，前述(ロ)ないし(ホ)のいずれかの要件に該当する場合

Ⅳ　経過措置

　経過措置は設けられていないため，施行日後は改正法が適用され，会社以外の者がその経営を支配している法人として法務省令で定めるものは「子会社等」に含まれ，株式会社の経営を支配している者（法人であるものを除く）として法務省令で定めるものは「親会社等」に含まれる。

（稗田　さやか）

第2編　株式・新株予約権に関する改正

仮装払込みによる募集株式・募集新株予約権の発行等

52条の2，102条の2，209条，213条の2～，282条，286条の2～

改正のポイント

- ◆募集株式の引受人は，募集株式の払込みを仮装した場合，株式会社に対し，仮装した払込金額全額の支払義務を負う（213条の2第1項）。
- ◆出資の履行の仮装に関与した取締役や執行役も，株式会社に対し，募集株式の引受人と連帯して金銭の支払義務を負う（213条の3）。
- ◆出資の履行を仮装した募集株式の引受人は，改正会社法213条の2，または，改正会社法213条の3の義務履行後でないと，株主の権利を行使することができない（209条2項）。
- ◆株式会社設立時の発起人または設立時募集株式の引受人が出資の履行を仮装した場合，募集新株予約権の発行時または新株予約権の行使時における払込みが仮装された場合にも，出資の履行が仮装された場合の募集株式の発行と同様の規定が設けられている（52条の2・102条の2・286条の2）。

I これまでの制度

旧会社法においては，引受担保責任の規定が設けられていない。そのため，旧会社法においては，募集株式の発行等に際して出資の履行が仮装された場合に，出資の履行を仮装した募集株式の引受人や仮装に関与した取締役等に責任を課す規定が定められていなかった。

II 改正の経緯

旧会社法制定に際して，引受担保責任の規定は削除されたが，その後，新興市場の上場会社の募集株式の発行等につき「見せ金」が頻発した（江頭憲治郎『株式会社法〔第6版〕』758頁（注5）（有斐閣，2015年））。

募集株式の発行等に際して出資の履行が仮装された場合，株式会社に対し

て本来拠出されるべき財産が拠出されていないにもかかわらず，外観上は出資の履行がされたものとして募集株式の発行等が行われることになる。その結果，既存株主から募集株式の引受人に対して，不当な価値の移転が生じることになる。

　このような不当な価値の移転に対する救済方法につき，募集株式の発行等の無効の訴え（828条1項2号）と株式会社または第三者に対する取締役の責任（423条1項，429条1項）の追及とが考えられる。もっとも，前者の手段につき，旧会社法以前の判例において，出資の履行の仮装により払込金額の払込みがないことは，新株発行の無効事由と解されていない（最判平成9年1月28日民集51巻1号71頁）。また，後者の手段では，必ずしも十分ではないとの指摘（「補足説明」25頁）がなされていた。そのため，仮装払込みにつき，規制の再強化が必要となった。

Ⅲ　改正の詳細

(1)　仮装払込みをした募集株式の引受人の義務

(i)　意義

　改正会社法において，募集株式の引受人は，募集株式の払込み（金銭出資）を仮装した場合，株式会社に対し，仮装した払込金額全額の支払義務を負う（213条の2第1項1号）。出資の履行を仮装した募集株式の引受人は，他の株主から不当に利益の移転を受けており，その価値を実質的に返還させるためである。

　募集株式の引受人は，現物出資を仮装した場合，株式会社に対し，現物出資財産の給付義務を負いつつ，株式会社が請求した場合には，これに代えて，現物出資財産の価額に相当する金銭全額の支払義務を負うことになる（213条の2第1項2号）。現物出資財産の給付が仮装された場合において，現物出資財産の給付でなく，拠出されるはずであった価値の金銭補償の選択が認められるのは，募集株式の引受人が不当に移転を受けた価値の返還という目的との関係でも合理的であるためとされている（坂本三郎編『一問一答平成26年

改正会社法』140頁（商事法務，2014））。かかる趣旨から，「現物出資財産の価額」とは，払込期日の時点における価額をいうと解されている（前掲・坂本・141頁（注1））。

学説上，仮装払込みをした募集株式の引受人の義務は，株式についての出資義務であるとする見解が有力である（野村修也「資金調達に関する改正」ジュリ1472号30～31頁（2014年）参照）。

(ii) 代表訴訟による責任追及と義務の免除

出資の履行を仮装した募集株式の引受人の義務は，株主代表訴訟による責任追及の対象とされている（847条1項）。出資の履行が仮装される場合，募集株式の引受人と取締役等が結託しているため，取締役等は，募集株式の引受人に対する責任追及を懈怠するおそれがあるためである（前掲・坂本・140頁）。

出資の履行を仮装した募集株式の引受人の義務は，総株主の同意がないと免除できない（213条の2第2項）。債務免除と同様の手続で免除を認めると，募集株式の引受人と取締役等の馴れ合いにより，他の株主の利益を害することになるためである（前掲・坂本・140頁）。

(2) 仮装払込みに関与した取締役の義務

(i) 意義

改正法においては，募集株式の引受人だけでなく，出資の履行を仮装することに関与した取締役や執行役（以下「取締役等」という）として法務省令で定める者も，株式会社に対し，金銭の支払義務を負う（213条の3第1項）。

① 取締役会決議に基づく場合 （会施規46条の2第2号）	決議に賛成した取締役(イ)
	議案を提案した取締役及び執行役(ロ)
② 株主総会決議に基づく場合 （会施規46条の2第3号）	議案を提案した取締役(イ)
	議案の提案の決定に同意した取締役 （取締役会設置会社の取締役を除く）(ロ)
	決議に賛成した取締役(ハ)
	説明をした取締役及び執行役(ニ)

改正会社法施行規則は，出資の履行の仮装に関する職務を行った取締役及び執行役（会施規46条の2第1号）以外の者につき，出資の履行の仮装が①取締役会決議に基づく場合と②株主総会決議に基づく場合とで分けて規定している。
　取締役が支払義務を負う金額は，募集株式の引受人が支払義務を負う金額と同額である。

(ii) 義務の法的性質

　出資の履行の仮装に関与した取締役の義務は，出資の履行が仮装されたことにつき，取締役に帰責性があることに基づく特別の法定責任である（補足説明26頁）。そのため，仮装に関与した取締役であっても，その職務を行うにつき注意を怠らなかったことを証明すれば，義務を免れることになる（213条の3第1項ただし書，過失責任）。他方で，出資の履行を仮装した取締役は，その行為態様から，無過失責任となる（同項ただし書括弧書）。「当該出資の履行を仮装したもの」の該当性は，具体的な行為の態様，出資の履行の仮装において果たした役割等により判断されることになる（前掲・坂本・142頁（注1））。
　出資の履行を仮装した募集株式の引受人と出資の履行の仮装に関与した取締役は，連帯債務者となる（213条の3第2項）。

(iii) 代表訴訟による責任追及と免除

　出資の履行の仮装に関与した取締役の義務は，株主代表訴訟による責任追及の対象となる（847条1項）。もっとも，出資の履行の仮装に関与した取締役は，出資の履行の仮装により自ら利益を得ないため，義務の免除につき，総株主の同意は，必要とされていない（前掲・坂本・143頁（注2））。

(3) 出資の履行が仮装された株式

(i) 意義

　出資の履行を仮装した募集株式の引受人は，改正会社法213条の2第1項または213条の3第1項の義務履行後でなければ，株主の権利を行使することができない（209条2項）。募集株式の出資の履行を仮装された場合，株式

会社に対し本来拠出されるべき財産の拠出がないことから、募集株式の引受人に株主としての権利行使を認めるのが相当でないためである。「株主の権利」には、自益権、共益権双方とも含まれる。

募集株式の譲受人は、悪意または重過失がない限り、株主の権利を行使することができる（209条3項）。出資の履行が仮装されたことを知らずに募集株式を譲り受けた者につき、一律に株主の権利の行使を認めないことは、募集株式の取引の安全を害するためである（前掲・坂本・144頁）。209条2項の規定は、株式は発行されているが、当該株式の権利の行使に属人的な制約を課すものである（山本爲三郎「仮装払込による募集株式の発行等」金判1461号44頁（2015年））。

出資の履行の仮装が、新株発行の無効の訴えにおける無効事由に該当するかは解釈に委ねられている。もっとも、出資の履行を仮装した募集株式の引受人と取締役の義務が法定されたことから、旧会社法以前と同様に、無効事由に該当しないことが想定される（松尾健一「資金調達におけるガバナンス」商事2062号32頁（2015年））。

(ii) 募集株式の保有者と求償

取締役が改正会社法213条の3第1項の義務を履行した場合であっても、当該取締役等は募集株式を取得せず、募集株式の引受人が募集株式を保有することになる。かかる場合には、取締役等は、募集株式の引受人に対し、民法上の一般原則に基づき、求償できると解されている（前掲・坂本・144頁）。

(4) 会社設立時の仮装払込み

(i) 意義

改正法では、株式会社の設立に際して出資の履行が仮装された場合においても、募集株式の発行等と同様に、不当な利益の移転が生じることから、募集株式の発行等と同様の規定が設けられている。

募集株式の引受人等の義務の履行により株式会社に対して支払われた金銭等の額は、その他資本剰余金の額に算入されることになる（52条の2第1項・102条の2第1項、会計規21条）。

募集株式の発行等の場合と異なり、出資の履行を仮装することに関与した他の発起人または設立時取締役の義務の免除については、総株主の同意が必要とされている点には注意が必要である（55条）。

(ⅱ) 発起設立の場合

発起人が設立時発行株式につき出資の履行を仮装した場合（発起設立の場合）、当該発起人の義務（52条の2第1項）及び出資の履行に関与した他の発起人または設立時取締役として法務省令で定める者の義務（52条の2第2項、会施規7条の2）は、それぞれ、募集株式の発行等の場合における義務と同様の規定となっている。改正会社法施行規則7条の2は、出資の履行の仮装に関する職務を行った発起人及び設立時取締役以外の者につき、以下のように規定している。

創立総会の決議に基づく場合 （会施規7条の2第2号）	議案を提案した発起人(イ)
	提案の決定に同意した発起人(ロ)
	説明をした発起人及び設立時取締役(ハ)

発起人と設立時取締役の義務は、募集株式の発行等の場合と同様に、株主代表訴訟の対象となっている（847条1項）。もっとも、義務の免除については、募集株式の発行等の場合と異なり、出資の履行を仮装することに関与した他の発起人または設立時取締役であっても総株主の同意が必要とされている（55条）。株式会社の設立時における現物出資財産の価額填補責任について、当該財産を給付した者以外の発起人及び設立時取締役の責任を含めて、免除に総株主の同意を必要としていること（52条1項、55条参照）を考慮したためである（前掲・坂本・147頁（注1））。

出資の履行が仮装され発行された設立時発行株式の行使については、募集株式の発行等と同様の規定となっている（52条の2第4項、5項）。仮装払込みに関する支払義務履行前は、支払義務を履行すれば株式を取得できる一種のコール・オプションが存在するのみで株式は未成立であると解し、剰余金の配当は無効であり、株主総会における議決権行使は決議取消事由になると

する見解がある（前掲・江頭・111頁（注2））。

　出資の履行の仮装の結果，実際に出資された財産の価額が会社法27条4号に定める金額を下回っており，かつ支払義務の履行によって当該不足額が填補される見込みも立たない場合には，そのことが設立無効原因に成ると解する有力説（前掲・江頭・111頁（注2））もある。

　(iii)　**募集設立の場合**

　設立時募集株式の引受人が払込みを仮装した場合（募集設立）については，発起設立の場合と概ね同様の規定となっている（引受人の義務につき102条の2第1項，仮装に関与した発起人または設立時取締役の義務につき103条2項本文，会施規18条の2，責任の免除につき102条の2第2項，103条3項，権利行使の制限につき102条3項，4項）。もっとも，設立時募集株式の引受人には，現物出資が認められていないため（58条1項，63条参照），現物出資の仮装に関する規定はない。

(5)　**新株予約権における仮装払込み**

　(i)　**意義**

　改正会社法では，新株予約権に係る払込み等が仮装された場合も，他の株主から払込み等を仮装した新株予約権者等に対して不当な価値の移転が生じるため，募集株式の発行等の場合と同様の規定が設けられている。

　もっとも，新株予約権は，募集株式と異なり，発行時と行使時の各段階において払込み等が仮装され得ることに注意が必要である。

　(ii)　**新株予約権者の義務**

　新株予約権は，募集株式と異なり，発行時と行使時の各段階において払込み等が仮装されることが想定される。

　まず，募集新株予約権の発行時に払込みを仮装した新株予約権者は，募集新株予約権を行使して不当な価値の移転を受けた場合，株式会社に対し，仮装された払込金額全額の支払義務を負う（286条の2第1項1号）。募集新株予約権の発行時において払込み（246条1項）が仮装されたとしても，募集新株予約権が行使されていない段階では，他の株主から新株予約権者に対して

不当な価値の移転が生じていないためである。募集新株予約権の譲受人は，払込みの仮装について悪意または重過失がある場合にのみ，払込みを仮装した者と同様の義務を負う（286条の2第1項1号）。募集新株予約権の譲受人が行使した場合も価値の移転が生じるが，払込みを仮装した者と同様の義務を常に負うとすると，新株予約権の取引の安全を害するためである。新株予約権者が募集新株予約権の発行時に払込金額の払込みに代えて行う財産の給付（246条2項）を仮装した場合については，募集株式の発行等と同様に金銭補償の選択が認められている（286条の2第1項1号）。

次に，新株予約権の行使時に払込み等が仮装された場合，新株予約権を行使した新株予約権者は，株式会社に対し，金銭の支払等の義務を負う（286条の2第1項2号3号）。かかる義務は，募集新株予約権以外の新株予約権の行使時における払込み等が仮装された場合にも生じる（前掲・坂本・149頁）。

新株予約権者の義務が株主代表訴訟の対象となること（847条1項），及び責任の免除が総株主の同意を要すること（286条の2第2項）は，募集株式の発行等と同様である。

(iii) **取締役等の義務**

新株予約権者が払込み等の仮装に係る義務を負う場合，新株予約権の発行時または行使時における払込み等を仮装することに関与した取締役等として法務省令で定める者も，株式会社に対し，金銭の支払義務を負う（286条の3第1項本文，会施規62条の2）。

支払義務を負う金額並びに過失責任及び無過失責任の区別は，募集株式の発行等と同様の規定となっている（286条の3第1項）。

取締役等の義務は，募集株式の発行等の場合と同様に，株主代表訴訟の対象となり（847条1項），その責任の免除については，総株主の同意は不要となっている。

(iv) **権利行使の制限**

新株予約権の目的である株式に関する権利行使の制限については，募集株式の発行等の場合と同様の規定となっている（282条2項，3項）。

Ⅳ　経過措置

　附則6条，12条および13条は，改正会社法の施行前に定款の認証を受けた株式会社の設立に際して発行する設立時発行株式，施行日前に募集事項の決定があった募集株式もしくは募集新株予約権または施行日前に発行された募集新株予約権以外の新株予約権については，改正会社法により新たに設けられる払込み等の仮装に関する規定を適用しないこととしている。旧会社法の規定を前提に，株式会社の設立，募集株式の発行等または募集新株予約権の発行に向けた一連の手続きが開始されている場合，払込み等の仮装に関する改正後の規律を適用することは，利害関係者の予測に反する結果になるためである。

（金澤　大祐）

No.03 発行可能株式総数
113条，180条，814条

改正のポイント

◆公開会社でない株式会社が定款を変更して公開会社となる場合，公開会社が，株式の併合，新設合併設立株式会社，新設分割設立株式会社または株式移転設立完全親会社を設立する場合に，発行可能株式総数が発行済株式数の4倍を超えることができないとされた。

I これまでの制度

公開会社でない会社では，株式の発行について，株主割当でかつ定款に特段の定めがある場合を除き株主総会の特別決議を要するが（199条2項，200条1項，202条3項4号，309条2項5号），公開会社が譲渡制限株式以外の株式を発行する場合には，取締役会決議によって新株を発行することができる（ただし，新設された206条の2による制限が設けられている・本書41頁参照）。経営権について争いがある会社では，取締役会による偏頗な第三者割当増資が行われるケースもあるため，取締役会の権限に一定の歯止めをかける必要があるとして，公開会社においては，発行可能株式総数は設立時発行株式総数の4倍を超えてはならないとされている（37条3項，113条3項，180条3項，814条1項）。

これまでは，公開会社でない株式会社が定款を変更して公開会社となる場合，公開会社が，株式の併合，新設合併設立株式会社，新設分割設立株式会社または株式移転設立完全親会社を設立する場合について，発行可能株式総数が発行済株式数の4倍を超えることができない旨の規定はなく，これらの場合には発行可能株式総数にかかる制限はなかった。

（113条，180条，814条）

NO.03　発行可能株式総数

II　改正の経緯

　株式併合を伴う新株予約権の有利発行が行われた事例※など，既存株主の持分の著しい希釈化を招き，流通市場に混乱をもたらすおそれがあると認められるケースが生じたため，公開会社でない株式会社が定款を変更して公開会社となる場合，公開会社が，株式の併合，新設合併設立株式会社，新設分割設立株式会社または株式移転設立完全親会社を設立する場合にも制限を設ける必要があることが意識されるようになった。

> ※　一例として，大阪証券取引所　2007年7月11日「上場有価証券の発行者の会社情報の適時開示等に関する規則」1条の4第2項の規定に基づく「流通市場に混乱をもたらすおそれがある株式分割等」の公表　http://www.ose.or.jp/f/ose/news/0707/070711b.html

III　改正の詳細

(1)　公開会社への定款変更

　公開会社でない株式会社が定款を変更して公開会社となる場合について特に規定がなかったが，この場合にも，定款変更後の発行可能株式総数は，定款変更が効力を生じたときにおける発行済株式数の4倍を超えることができないことになった（113条3項3号）。

(2)　株式の併合

　なお，株式の併合をした株式会社は，効力発生日に，効力発生日における発行可能株式総数（180条2項4号）に従い，当該事項に係る定款の変更をしたものとみなされる（182条2項）。

> ※　効力発生日における発行可能株式総数は，株式の併合が効力を生じた時における発行済株式の総数からその4倍の数までの範囲内で，任意に定めることが可能である。株式の併合前における発行可能株式総数がそのような範囲内にある場合には，これと同じ数を（株式の併合を行った）株主総会の決議によって定めることにより，発行

> 可能株式総数を変更しないこととすることも可能であり，その場合には，発行可能株式総数に関する定款の定めは変更されないこととなる（平成23年12月・中間試案の補足説明・24頁）。

(3) 新設合併等

　第2編（株式会社）第1章（設立）の規定は，原則として，新設合併設立株式会社，新設分割設立株式会社または株式移転設立完全親会社の設立については適用されない（814条1項）。

　しかし，同条項中に不適用の対象から除かれる第2編第1章の規定として，37条3項が加えられたため，これらの設立についても，「設立時発行株式の総数は，発行可能株式総数の4分の1を下ることができない。ただし，設立しようとする株式会社が公開会社でない場合は，この限りでない。」という同条項の規制が及ぶことになった。

(4) 株式の償却には適用されないこと

　株式の併合の場合など，発行済株式数が減少すると発行可能株式総数も併せて減少する場合についてはその旨の規定が用意されたが，株式の償却の場合には特に規定がないため，株式の償却によって発行済株式総数が減少しても発行可能株式総数は減少しないと解されている。このため，発行可能株式総数制度の趣旨は，会社の発行権限を画するというよりも，既存株式の支配比率の希薄化の下限を定めるものであると解されている（矢澤惇『企業法務の諸問題』162頁（商事法務研究会，1981年））。

Ⅳ　経過措置

　施行日（平成27年5月1日）前に公開会社でない株式会社が公開会社となる旨の定款の変更に係る決議をするための株主総会の招集手続が開始された場合におけるその定款の変更後の発行可能株式総数については，なお従前の例による（附則7条）。

　株式の併合に関する経過措置として，改正法施行日（平成27年5月1日）前に旧会社法180条2項の決議をするための株主総会の招集手続が開始され

た場合におけるその株式の併合については，なお従前の例による(附則11条)。

　株式会社の合併等に関する経過措置として，施行日（平成27年5月1日）前に合併契約，吸収分割契約若しくは株式交換契約が締結され，または組織変更計画，新設分割計画若しくは株式移転計画が作成された組織変更，合併，吸収分割，新設分割，株式交換または株式移転については，なお従前の例による（附則20条）。

（古田　利雄）

定款変更等における株式買取請求
116条〜

改正のポイント

◆振替株式の買取口座の制度の新設等，株式買取請求の撤回の制限を実効化するための見直しが行われた。
◆価格決定前の仮払の制度が新設されるとともに，株式買取請求による買取りの効力は，株式買取請求の発生原因である会社の行為の効力発生日に生じるとの見直しがなされた。

I これまでの制度

（1）旧会社法では，組織再編や事業譲渡等の場合のほか，定款変更等（以下の(i)及び(ii)）の場合に，反対株主の株式買取請求を認めている（旧法116条，新株予約権買取請求につき118条，（河和哲雄ほか「株式買取請求権」江頭憲治郎ほか『会社法体系2』99頁（青林書院，2008年）参照））。

(i) **株式譲渡制限等の定めを設ける定款変更**

(a)定款を変更して全部の株式について譲渡制限条項を設ける場合のほか（116条1項1号），(b)既に発行した種類株式について，定款を変更して譲渡制限条項を設けあるいは全部取得条項付種類株式に変更する場合，または(c)取得請求権付株式または取得条項付株式の取得対価と定められた株式に譲渡制限条項を設けあるいは全部取得条項を設ける場合には，当該定款変更に反対する株主に株式買取請求権が認められている（116条1項2号）。

(ii) **定款で種類株主総会を不要としている場合**

会社が(a)株式の併合または分割，(b)株式または新株予約権の無償割当て，(c)単元株式数についての定款の変更，(d)株式を引き受ける者の募集，(e)新株予約権を引き受ける者の募集をする場合において，種類株主に損害を及ぼす

おそれがあるにもかかわらず定款の定めにより種類株主総会決議を不要としているときは（322条2項参照），当該種類株式を有する株主に株式買取請求権が認められている（116条1項3号）。

(iii) また，上記(i)の場合には，新株予約権買取請求も認められている（118条1項1，2号）。

(2) 株式買取請求権の撤回の制限

会社法制定により，株式買取請求の撤回には，相手方である株式会社の承諾を得ることが原則として必要とされた（旧法116条6項，117条3項）。これは，市場価格のある株式について，とりあえず株式買取請求を行使し，株価が上昇して市場で売却した方が有利になれば，当該株式買取請求を撤回して市場で売却するという投機的行動を防止するためである（相澤哲『立法担当者による新・会社法の解説』201頁（別冊商事法務295号，2006年））。

II 改正の経緯

株式買取請求の撤回を制限する規定が置かれた後も，反対株主に株式買取請求を履行させる有効な手段がないため，反対株主は，株式買取請求に係る株式を市場で売却することにより，事実上撤回したと同様の結果を得ることが可能であることから，撤回制限を実効化するための方策が検討されることになった（中間試案補足説明第2部第4の1（48，49頁）参照）。また，株式買取請求権を行使した反対株主は，裁判所が決定した価格に対し，会社の行為（116条1項各号の行為）の効力発生日から60日経過後，年6分の利率による利息を受領することができる（117条4項）。しかも，会社法116条1項各号の行為による株式買取請求の買取りの効力は，代金支払時に生じるとされていたため（117条5項），反対株主は，買取価格に対する年6分の利息と剰余金の配当とを二重取りできる不合理な状況になっていた。そこで，反対株主の剰余金配当受領権を否定すべきではないかが検討されることになった（中間試案補足説明第2部第4の2（50，51頁））。

Ⅲ 改正の詳細

(1) 振替株式の買取口座制度の新設

　株式買取請求の撤回制限の実効性を確保するため，整備法及び振替法の改正により，株式買取請求に係る株式が，振替株式（振替法128条1項）である場合に，反対株主が株式買取請求をするときは，当該請求に係る振替株式について，発行者が開設した買取口座を振替先とする振替申請をしなければならないとする制度が新設された（振替法155条3項）。振替の申請は，株式買取請求の要件であるから，振替の申請なしに株式買取請求をしても無効である。この結果，反対株主は，株式買取請求をした後は，当該株式を市場で売却できなくなり，撤回制限の実効化が図られる。また，こうした振替申請を行うため，振替株式の発行者は，会社法116条1項各号の行為等，反対株主に株式買取請求権が生じる行為をしようとする場合には，振替機関等に対して，買取口座の開設の申出（振替法155条1項）や買取口座の公告（振替法155条2項）をしなければならないなど買取口座に関する規律が整備されている（振替法143条，151条2項3号，154条3項4号，155条各項ほか）。

(2) 振替株式発行会社以外における撤回制限

(ⅰ) 株券提出の義務付け

　上記(1)と同様の趣旨から，振替株式以外の場合についても改正がなされている。つまり，株券発行会社において，反対株主が株式買取請求をしようとするときは，株券発行会社に対し，当該株式に係る株券を提出しなければならない（116条6項）。株券が発行されている株式の譲渡は，株券の交付により効力を生じるため（128条1項），株券の提出を義務付けることによって，反対株主が株式買取請求に係る株式を譲渡できなくなり，撤回制限の実効化が確保される。

(ⅱ) 株主名簿の名義書替の制限

　また，株券不発行会社（かつ，振替制度不使用）において，株式買取請求がなされた場合には，株式買取請求に係る株式の譲受人は，株主名簿の名義

(116条～)

書換を請求することができないとの見直しが行われた（116条9項）。株券が発行されていない株式は，意思表示のみによって譲渡できる（133条）。そこで，改正会社法では，株式買取請求に係る株式について，株主名簿への記載または記録を請求できないとする特則を設け，株式買取請求に係る株式の譲渡を会社に対する関係で制限した。この結果，善意の譲受人との関係でも，株式買取請求の撤回制限の実効性が確保されることになる。

　(iii)　なお，改正法及び整備法は，新株予約権及び新株予約権付社債についても上記(1)，(2)と同様の規律を設けている（118条6項，7項，10項等，振替法183条，215条）。

(3)　価格決定前の支払制度（仮払制度）

　(i)　意義

　株式買取請求に係る株式について，裁判所の価格決定の申立がなされた場合，会社は反対株主に対し，裁判所の決定した価格に対する会社の行為（116条1項各号の行為）の効力発生日から60日経過後年6分の利率による利息を支払う必要がある（117条4項）。しかし，現在の経済状況の下で，年6分の利率による利息を支払うことは，株式買取請求の濫用を招く一因でもあると指摘されていた。そこで，実務上，当事者間の合意により早期の支払いによる利息の負担軽減が図られることがあることを参考に，株式買取請求がなされた場合には，裁判所の価格決定の前に，会社が公正な価格と認める額を反対株主に支払うことができる仮払制度が創設された（117条5項）。この結果，会社は，仮払いをした後は，仮払いした金額に対する利息を支払う必要がなくなるとともに，反対株主が受領しない場合には，会社は弁済供託を行うことによって，その後の利息の支払いを免れることができることになった（岩原紳作「改正会社法要綱案の解説」商事法務1979号7頁（2012年）。

　(ii)　また，新株予約権買取請求に係る新株予約権および新株予約権付社債についても，株式と同様に仮払制度が設けられている（119条5項）。

(4) 株式等の買取の効力が生じる時期
(i) 「会社の行為の効力発生日」とされた理由

　改正会社法は，会社法116条1項各号の行為を原因とする株式買取請求について，買取りの効力が生じる時期を，買取請求権が生じる原因となる会社の行為の効力発生日とする見直しを行った（117条6項）。

　旧会社法では，上記各場合における買取りの効力は，代金支払時に生じると定められていた（117条5項）。このため，価格決定が長引くと，その間，反対株主は，年6分の利率による利息の支払いを受けることができるほか，基準日を経過するごとに，形式的には剰余金配当を受けることが可能であった。反対株主は，買取請求による買取りの効力が生じるまでは，株主の地位を失わないと考えられたからである。しかし，年6分の利息と剰余金の配当とを二重に受け取ることは不合理であり，解釈として剰余金の配当受領権を否定すべきではないかと解された（会社法制部会第7回会議議事録38頁〔前田雅弘委員発言〕）。

　そして，仮に剰余金配当受領権を否定するとした場合には，反対株主は，会社に対する経済的な利害関係が希薄になり，適切な議決権行使も期待できないから，議決権等の共益権も否定されるべきと考えられる。また，株式買取請求をした反対株主は，会社から退出する意思表明をしたわけであるから，その後は買取価格（対価）の問題が残るだけである。こうした検討を経て，最終的には，株主権を否定するような例外規定を設ける方法よりも，株式の買取りの効力が生じる時期を，代金支払時ではなく，会社の行為の効力発生日とする方が簡明であると考えられた（会社法制部会第18回会議議事録37, 38頁〔高木弘明関係官，前田雅弘委員，荒谷裕子委員および神作裕之幹事各発言〕）。

(ii) なお，新株予約権買取請求に係る新株予約権の買取請求（118条）の買取の効力についても，代金支払いの時ではなく，定款変更日に効力を生じるとする見直しが行われている（119条6項）。

Ⅳ　経過措置

　施行日前に旧会社法116条1項各号の行為に係る決議をするための株主総会の招集手続が開始された場合，つまり，株主総会の招集の決定（298条）がされた場合（株主総会決議を要しない場合は，取締役会決議または取締役もしくは執行役の決定の時）には，その行為に係る株式買取請求については，改正法の適用はない（附則8条）。施行日前に旧会社法118条1項各号をするための株主総会の招集手続が開始された場合等についての新株予約権買取請求についても，同様である（附則9条）。

（深山　徹）

NO.05 利益供与，質権
120条，151条〜，272条

改正のポイント

◆株式会社は，「適格旧株主または最終完全親会社等の株主の権利の行使」に関しても，財産上の利益を供与してはならないとされた。
◆特別支配株主が株式売渡請求により売渡株式の取得をした場合には，売渡株式を目的とする質権は，当該取得によって当該売渡株式の株主が受けることのできる金銭について存在するとされた。

I これまでの制度

(1) 利益供与

株式会社は，何人に対しても，「株主の権利の行使」に関し，財産上の利益の供与をすることが禁止されていた（旧法120条1項）。

また，取締役等が，株主の権利の行使に関し，当該株式会社またはその子会社の計算において財産上の利益を供与したときは，3年以下の懲役または300万円以下の罰金に処せられる（旧法970条1項）。情を知って利益供与を受けた者や，取締役等に対し，利益供与を要求した者も，同様に処罰される（同条2項3項）。

(2) 株式等の質入れ

株式を目的とする質権の効力として物上代位権が認められており，その範囲は次のとおりとされていた（旧法151条）。

・取得請求権付株式，取得条項付株式，全部取得条項付種類株式，またはこれら以外の株式の取得（同条1〜3号，14号）
・株式の併合または分割（同条4号，5号）
・株式または新株予約権の無償割当て（同条6号，7号）

- 剰余金の配当（同条8号）
- 残余財産の分配（同条9号）
- 組織変更（同条10号）
- 合併（合併により当該株式会社が消滅する場合に限る）（同条11号）
- 株式交換，株式移転（同条12号，13号）

また，新株予約権を目的とする質権にも物上代位権が認められており，その範囲は次のとおりとされていた（旧法272条1項）。

- 新株予約権の取得（同条項1号）
- 組織変更（同条項2号）
- 合併（合併により当該株式会社が消滅する場合に限る）（同条項3号）
- 吸収分割，新設分割（同条項4号，5号）
- 株式交換，株式移転（同条項6号，7号）

もっとも，物上代位権が及ぶ範囲はこれらの列挙事由に限定されるものではなく，民法の一般規定（民法362条2項，350条，304条1項）による範囲に及ぶことがあり得ると考えられていた。

Ⅱ　改正の経緯

(1)　利益供与

改正法において，旧株主による責任追及等の訴え（847条の2）及び最終完全親会社等の株主による特定責任追及の訴え（847条の3）が創設されたことにより，適格旧株主または最終完全親会社等の株主は，当該株式会社の株主でなくとも，当該株式会社の取締役等に対して，責任追及等の訴えを提起することができることとなった。そうすると，これらの株主は，当該株式会社の株主ではないものの，当該株式会社は，適格旧株主または最終完全親会社等の株主による責任追及等の訴えを提起させないために，これらの株主に対して，利益の供与をするおそれがある。そこで，適格旧株主または最終完全親会社の株主の権利に関する利益供与についても禁止する必要が生じた。

(2) 株式等の質入れ

　改正会社法において特別支配株主による株式売渡請求及び新株予約権売渡請求の制度（179条）が設けられたことに伴い，特別支配株主がこれらの請求により売渡株式または新株予約権の取得をした場合，当該株式または新株予約権に設定された質権の物上代位権についても，株式等の質入れの効果（旧法151条，272条1項）と同様に，明文規定を設けることとした。

Ⅲ　改正の詳細

(1) 利益供与等

(i) 利益供与

　　a　禁止規定

　株式会社は，何人に対しても，「株主の権利行使に関する場合」に加え，「当該株式会社に係る適格旧株主[※1]の権利又は当該株式会社の最終完全親会社等[※2]の株主の権利の行使」に関しても，財産上の利益を供与することが禁止されることとなった（120条1項）。

　なお，会社法120条2項は改正されていないため，適格旧株主または最終完全親会社等の株主の権利の行使に関しては，株式会社が特定の株主に対して無償で財産上の利益の供与をしたとき，または，株式会社が特定の株主に対して有償で財産上の利益の供与をした場合において，当該株式会社又はその子会社の受けた利益が当該財産上の利益に比して著しく少ないときであっても，財産上の利益の供与をしたものとは推定されない。

　　　　※1　適格旧株主とは，株式交換等により当該株式会社の株主でなくなった場合に，当該株式交換等によって，当該株式会社等の完全親会社の株式等を取得した者であって，もともと株式を保有していた当該株式会社の取締役等に対して責任追及の訴えを提起することができるものをいう（847条の2第9項）（適格旧株主による責任追及等の訴えについては，本書223頁参照）。

　　　　※2　最終完全親会社等とは，当該株式会社の完全親会社等であって，その完全親会社等がないものをいう（847条の3第1項）（最終完全親

会社等の株主による特定責任追及の訴えについては，本書230頁参照）。

　　b　刑罰規定

　取締役等が，株式会社に係る適格旧株主の権利または当該株式会社の最終完全親会社等の株主の権利の行使に関し，当該株式会社またはその子会社の計算において財産上の利益を供与したときしたときは，3年以下の懲役または300万円以下の罰金に処せられる（970条1項）。これらの権利の行使に関し，情を知って利益供与を受けた者や，取締役等に対し利益供与を要求した者も，同様に処罰される（970条2項3項）。

　(ⅱ)　贈収賄罪

　贈収賄罪についても，旧株主による責任追及等の訴えまたは最終完全親会社等の株主による特定責任追及の訴えに関する贈収賄が追加された（968条1項4号，5号）。

(2)　株式の質入れ等

　物上代位等につき，次の規定が新たに設けられた。

　特別支配株主が株式売渡請求により売渡株式の取得をした場合には，売渡株式の取得をした場合には，売渡株式を目的とする質権は，当該取得によって当該売渡株式の株主が受けることのできる金銭について存在する（151条2項）。新株予約権を目的とする質権についても，同様の規定がある（272条4項，1項）。

　また，登録株式質権者は，株式売渡請求によって当該売渡株式の株主が受け取ることのできる金銭を受領し，自己の債権の優先弁済に充てることができ（154条1項），自己の債権の弁済期が到来していないときは，売渡請求をした特別支配株主に対して，相当する金銭を供託させることができる（同条3項）。登録新株予約権質権者についても，同様の規定がある（272条4項・2項，3項）。

Ⅳ　経過措置

(1)　利益供与

経過措置は設けられていないため，施行日後は改正会社法が適用され，株式会社は，「適格旧株主または最終完全親会社等の株主の権利の行使」に関して財産上の利益を供与することが禁止される。

(2)　株式等の質入れ

経過措置は設けられていない。施行日後は，改正会社法により，特別支配株主は株式売渡請求により売渡株式を取得することができるが，売渡株式を目的とする質権が設定されていた場合，この質権は，当該売渡株式の株主が受けることのできる金銭について存在することとなる。

（稗田　さやか）

NO.06 株主名簿等の閲覧等の請求の拒絶事由
125条，252条

改正のポイント

◆株主名簿及び新株予約権原簿の閲覧・謄写の請求に対する拒絶事由から，「請求者が株式会社の業務と実質的に競争関係にある事業を営み，またはこれに従事するものであるとき」が削除された。

I これまでの制度

　株主及び債権者は，株式会社に対して株主名簿及び新株予約権原簿（以下「株主名簿等」という）の閲覧または謄写を請求することができるが，株式会社は，一定の事由がある場合には，これを拒むことができる（旧法125条2項3項，252条2項3項）。この拒絶事由の1つとして，閲覧等を請求する株主または債権者（以下「請求者」という）が当該株式会社の業務と実質的に競争関係にある事業を営み，またはこれに従事するものであるときが規定されていた（旧法125条3項3号，252条3項3号）。

　旧商法においては，株主名簿等の閲覧等の拒絶事由は定められていなかったが，旧商法において会計帳簿の閲覧等の拒絶事由として規定されていた事由と同様の事由を，会社法制定時に，株主名簿等の閲覧等の拒絶事由として規定したものである（相澤哲『立法担当者による新・会社法の解説』別冊商事法務295号31頁（2006年））。また，125条3項3号及び252条3項3号の拒絶事由については，株主名簿等から株式会社の資本政策等に係る情報が把握され得るためであるとの説明もされている（中間試案補足説明61頁）。

　もっとも，後述2のとおり，裁判例では，請求者が形式的に競業者に該当することだけでは足りないとの判断が示されていた。

Ⅱ　改正の経緯

(1)　旧会社法125条3項3号及び252条3項3号

　125条3項3号及び252条3項3号の拒絶事由については，その存在理由に強く疑問が示されており（大隅健一郎ほか『新会社法概説〔第2版〕』108頁（有斐閣，2010年）等），解釈論としても，客観的に競業者に該当するだけでは要件を満たさない等の見解も示されていた。

　裁判例でも，請求者が株式会社と実質的に競争関係にあるというだけで株主名簿の閲覧等請求の拒絶を認める合理的理由はないとの指摘がなされていた（東京高判平成20年6月12日決定・金判1295号12頁参照）（中間試案補足説明61頁）。

　また，東京地判平成22年7月20日決定・金判1348号14頁は，旧会社法125条3項3号の解釈について，「単に請求者が株式会社の業務と実質的に競争関係にある事業を営むなどしているだけでは足りず，…株主名簿に記載されている情報が競業者に知られることによって不利益を被るような性質，態様で営まれている事業について，請求者が当該株式会社と競業関係にある場合に限られると解するのが相当である」と判示し，その理由として，①会社法125条3項3号の趣旨は，株主等の権利濫用にわたる行使を制限する点にあるところ，株主名簿には株主構成に関わる情報が記載されているにすぎないため，単に請求者が競業者であるだけでは，閲覧謄写によって得られた情報が競業に利用されて株式会社が不利益を被る危険性が高いということはできないから，定型的に権利濫用にわたる権利行使のおそれがあるとまではいえないこと，及び，②単に請求者が形式的に競業者に当たるからといって株主名簿の閲覧謄写を拒絶することが許されるとすると，請求者である株主が少数株主権の行使や委任状による議決権の代理行使の勧誘等を行うことが困難になり不合理であることを挙げている。

　実務上，株主名簿の閲覧等請求は，敵対的買収者によってなされることが多く，請求者が事業上の競争関係にあることも多いといわれている（弥永真

生ほか「会社法性の見直しに関する中間試案をめぐって〔下〕」商事法務1955号20頁〔中村直人発言〕（2012年），坂本三郎『一問一答　平成26年改正会社法』334頁（商事法務，2014年））。

　旧会社法125条3項3号及び252条3項3号の拒絶事由を削除することについて，反対意見も示されたものの（法制審議会会社法制部会第8回会議議事録31頁〔八丁地委員発言〕），中間試案に対するパブリック・コメントや法制審議会会社法制部会においては賛成意見が多数を占めた（同第13回議事録1頁〔岩原紳作部会長発言〕，同第17回会議議事録12頁〔宮﨑雅之関係官説明〕）。

(2)　会社法125条3項1号及び2号等の見直しの議論（改正なし）

　会社法125条3項1号，2号，252条3項1号，2号の拒絶事由（請求者が「その権利の確保又は行使に関する調査以外の目的で請求を行ったとき」及び「請求者が当該株式会社の業務の遂行を妨げ，又は株主の共同の利益を害する目的で請求を行ったとき」）は，不当に広く解されるおそれがあるため，その文言を見直すべきであるとの指摘があった（中間試案補足説明61頁）。

　しかし，125条3項1号及び2号は，株主の権利行使が権利の濫用にわたるものであってはならないという基本原理を，株主名簿等の閲覧等の請求権について明らかにする趣旨であると解されており（前掲・東京地判平成22年7月20日決定），これらの規定の適用範囲については，当該趣旨を踏まえて決せられるものと考えられるから見直す必要はないとの意見，及び，拒絶事由を見直すことによって，株主名簿等の閲覧等の請求を拒絶し得るかどうかの判断等に係る株式会社の負担が増大することになるおそれがあるとの懸念が示され，パブリック・コメントにおいても反対する意見が多数であった（中間試案補足説明61頁，法制審議会会社法制部会資料22・5頁，同部会第20回会議議事録16頁〔宮﨑雅之関係官説明〕）。また，見直したとしても，適切な文言とするのが難しいという意見も出された（同議事録18頁〔坂本三郎幹事発言〕）。

　このような経緯から，会社法125条3項1号，2号，252条3項1号，2号の拒絶事由については，見直しはなされなかった。

Ⅲ 改正の詳細

(1) 旧会社法125条3項3号及び252条3項3号の削除

改正会社法では，125条3項3号及び252条3項3号の閲覧等拒絶事由（請求者が当該株式会社の業務と実質的に競争関係にある事業を営み，またはこれに従事するものであるとき）を削除した。

なお，これらの規定が削除されても，株式会社と実質的に競争関係にある請求者が株主名簿等の閲覧等を請求した場合，濫用的な株主名簿等の閲覧等の請求と認められるものについては，125条3項3号及び252条3項3号以外の各号に定める拒絶事由に該当すると考えられる（中間試案補足説明61頁）。

(2) 会計帳簿の閲覧等の請求に対する拒絶事由（改正なし）

会計帳簿の閲覧及び謄写についても，株主名簿等の閲覧等の拒絶事由と同様に，「請求者が当該株式会社の業務と実質的に競争関係にある事業を営み，又はこれに従事するものであるとき」という拒絶事由が定められているところ（433条2項3号），これについては改正されていない。

会計帳簿は，会社の経理の実情に関わる情報が記載されており，競業者に閲覧謄写されると，これによって得られた情報が競業に利用されて株式会社が不利益を被る危険性が高いため，定型的にみて権利濫用にわたる権利行使が行われるおそれがあるということができるから（前掲・東京地判平成22年7月20日決定），競業者による株主名簿等の閲覧等の場合と同様に考えることはできないであろう。

Ⅳ 経過措置

経過措置は設けられていないため，施行日後に株主名簿等の閲覧・謄写請求がされた場合には，改正法が適用され，会社は，「請求者が会社の業務と実質的に競争関係にある事業を営み，またはこれに従事するものである」ことを理由として請求を拒むことはできない。

（稗田　さやか）

募集株式・募集新株予約権が譲渡制限株式の場合等の総数引受契約

205条，244条

改正のポイント

◆募集株式を引き受けようとする者が総数引受契約を締結する場合において，募集株式が譲渡制限株式であるときは，会社は，定款に別段の定めがない限り，株主総会（取締役会設置会社のときは取締役会）の決議によって同契約の承認を受けることが必要となった（205条2項）。

◆同様に，募集新株予約権を引き受けようとする者が総数引受契約を締結する場合において，募集新株予約権の目的である株式の全部または一部が譲渡制限株式であるとき，または募集新株予約権が譲渡制限新株予約権であるときは，会社は，定款に別段の定めがない限り，株主総会の特別決議（取締役会設置会社のときは取締役会の決議）によって同契約の承認を受けることが必要となった（309条2項の前日までに，申込者に対し，当該申込者に割り当てる募集株式の数を通知しなければならない）。

◆会社が募集株式を引き受けようとする者に対して，割当通知を行って募集新株の発行をする場合には，会社は申込者の中から割当を受ける者及びその者に割り当てる株式数を，株主総会の特別決議（取締役会設置会社のときは取締役会の決議）によって定めるものとされているところ（204条2項），募集株式を引き受けようとする者がいわゆる総数引受契約を締結する場合（205条）に，同法204条2項を適用するという規定は存しませんでした。同様に，募集新株予約権を引き受けようとする者が総数引受契約を締結する場合（244条）に，243条2項の規定を適用するという定めもなかった。

◆このため，これらの場合には，募集株式（ないし募集新株予約権）を引き受ける者，及びその者に割り当てる募集株式（ないし募集新株予約権）の数については，株主総会（取締役会設置会社のときは取締役会）の関与が要求されていなかった。

I 改正の経緯

　総数引受契約を用いる方法によると，払込期日の前日までに申込者に対して割当株数を通知する必要がなく，手続きも簡便であることから（205条），総数引受契約を用いる方法は特に閉鎖的な会社では広く用いられている。

　会社は定款により，会社の発行する全部の株式の内容として，または種類株式の内容として，譲渡による当該株式の取得につき会社の承認を要する旨を定めることができる（107条，108条）。そして，譲渡制限株式を他人に譲渡した株主や同株式を取得した者は，会社に対してこれを承認するか否かの決定を求め，会社は株主総会（取締役会設置会社のときは取締役会）の決議によって決定する（136条ないし139条1項）。

　この定款による株式の譲渡制限は，閉鎖型の会社では人的な信頼関係にある者に株主を限定したいという要請があるため，昭和41年の商法改正によって導入されて，種類株式等についての規定が追加されて今日に至っている。これまでの制度では，会社が割当通知を行ってする場合に要求されている「誰に何株割り当てるか」について機関決定が，総数引受契約によって募集株式（ないし新株予約権）を引き受ける場合には要求されていなかったが，総数引受契約が行われる第三者割当増資の場合にも，閉鎖型の会社において人的な信頼関係にある者に株主を限定したいという要請は当てはまる。

　このため，これらの場合にも，募集株式（ないし募集新株予約権）を引き受ける者，及びその者に割り当てる募集株式（ないし募集新株予約権）の数について，株主総会（取締役会設置会社のときは取締役会）の関与が要求すべきであるとされた※。

>　※　会社法204条2項は，募集株式が譲渡制限株式である場合には，募集株式の割当てを受ける者及びその者に割り当てる募集株式の数の決定は，株主総会（取締役会設置会社にあっては，取締役会）の決議によらなければならないものとしている。これは，実質的には，譲渡制限株式の譲渡の承認の規律（当該承認をするか否かの決定を

するには，株主総会（取締役会設置会社にあっては，取締役会）の決議によらなければならないものとされている（同法139条1項）。）を譲渡制限株式の募集に際しても及ぼそうとする趣旨に基づく規定である。これに対して，会社法205条は，募集株式を引き受けようとする者がいわゆる総数引受契約を締結する場合には，募集株式の申込み及びその割当てについて定める同法203条及び204条の規定を適用しないものとしている。このように，同法205条の文言上は，同法204条2項の規定も適用しないものとされているが，上記の同項の趣旨は，総数引受契約が締結される場合であっても，同様に当てはまると考えられる。したがって，総数引受契約が締結される場合であっても，募集する譲渡制限株式の割当てに関する事項の決定について，事前の株主総会（取締役会設置会社にあっては，取締役会）の決議を要するものとするのが相当であると考えられる（平成23年12月・中間試案の補足説明・62頁，63頁）。

Ⅱ 改正の詳細

　募集株式を引き受けようとする者が総数引受契約を締結する場合において，募集株式が譲渡制限株式であるときは，株式会社は，株主総会（取締役会設置会社にあっては，取締役会）の決議によって，同項の契約の承認を受けなければならない。ただし，定款に別段の定めがある場合は，この限りではない（205条2項）。

　また，募集新株予約権を引き受けようとする者が総数引受契約を締結する場合において，募集新株予約権の目的である株式の全部または一部が譲渡制限株式であるとき，または募集新株予約権が譲渡制限新株予約権であるときは，株式会社は，株主総会（取締役会設置会社にあっては，取締役会）の決議によって，同項の契約の承認を受けなければならない（244条3項）。

　ここでいう株主総会の決議は，204条2項及び243条2項と同様に特別決議とされている（309条2項5号・6号）。譲渡制限株式の移動について，株主総会の関与を求めるという趣旨は139条1項と同じであるため，同条と同様株主総会の決議要件と同様に普通決議で足りそうですが，旧有限会社法の規

制（有49条3項）を承継し，特別決議が求められている（相沢哲＝豊田祐子・商事1741号30頁）。

Ⅲ 経過措置

募集株式に関する経過措置として，施行日（平成27年5月1日）前に旧会社法199条2項に規定する募集事項の決定があった場合におけるその募集株式については，改正会社法205条2項の規定は適用しないとされている（附則12条）。

また，新株予約権に関する経過措置として，施行日（前同日）前に旧会社法238条1項に規定する募集事項の決定があった場合におけるその募集新株予約権については，改正会社法244条3項の規定は，適用しないとされている（附則13条）。

（古田　利雄）

NO.07 募集株式・募集新株予約権が譲渡制限株式の場合等の総数引受契約

総数引受契約書

　募集株式の発行会社である株式会社　　　　（以下「甲」）と，その引受人である　　　　（以下「乙1」），および　　　　（以下「乙2」）とは，本日，以下のとおり募集株式の引受について合意した。

第1条　乙1は，甲の平成　年　月　日開催の臨時株主総会において発行することが決議された募集株式について，後記募集事項を承認の上，その総数1,000株のうち600株を引受けます。

第2条　乙2は，甲の平成　年　月　日開催の臨時株主総会において発行することが決議された募集株式について，後記募集事項を承認の上，その総数1,000株のうち400株を引受けます。

　　　　　　　　　　　　　　　記

① 募集株式の種類及び数　A種種類株式　1,000株
② 募集株式の払込金額　募集株式1株につき金5万円
③ 払込期日　平成　年　月　日
④ 増加する資本金及び資本準備金に関する事項
　a．払込金額のうち2分の1を資本金に組み入れず，資本準備金に計上する。
　b．資本金及び資本準備金の額として計上すべき額から減ずるべき額　0円

　　平成　　年　月　日

甲　　東京都……　　　　　　　　　　　　乙1
　　　株式会社
　　　代表取締役
　　　　　　　　　　　　　　　　　　　　乙2

No.08 支配株主の異動を伴う募集株式・募集新株予約権の発行等

206条の2，244条の2

改正のポイント

◆公開会社における募集株式の割当て等により募集株式の引受人となった者が，総株主の議決権の過半数を有することになる場合には，①株主に対して当該引受人の氏名等の情報を開示するとともに，②これに対し，総株主の議決権の10分の1以上の議決権を有する株主から反対の通知があった場合には，当該引受人に対する募集株式の割当て等について，株主総会の決議による承認を要することとした（206条の2）。

◆公開会社における募集新株予約権の割当て等についても同様の規定を設けた（244条の2）。

I これまでの制度

公開会社[※1]が，定款に定められた発行可能株式総数の枠内で，公募，第三者割当による譲渡制限株式以外の株式の発行及び自己株式の処分（以下「募集株式の発行等」という）を行う場合は，下記の【例外】に当たらないかぎり，取締役会の決議によって募集事項[※2]を決定することができる（201条1項）。

【例外】① 払込金額が引受人にとって特に有利な金額である場合（いわゆる有利発行。201条1項，199条3項）

② 募集事項の決定を，株主総会の権限と定款で定めた場合（295条2項）

そして，募集株式の割当先の決定及び総数引受契約の締結についても，取締役会（代表取締役や執行役に委任可能）が決定することができる（204条1項，205条1項）。

NO.08　支配株主の異動を伴う募集株式・募集新株予約権の発行等

※１　その発行する全部または一部の株式の内容として譲渡による当該株式の取得について株式会社の承認を要する旨の定款の定めを設けていない株式会社（2条5号）。

※２　① 募集株式の数（種類株式発行会社にあっては，募集株式の種類及び数）
② 払込金額またはその算定方法
③ 現物出資を認めるときは，その旨並びに当該財産の内容及び価額
④ 払込期日または払込期間
⑤ 株式を発行するときは，増加する資本金及び資本準備金に関する事項（199条1項1号～5号）

Ⅱ　改正の経緯

上記1記載のとおり，募集株式の割当てや総数引受契約の締結は取締役会（代表取締役や執行役に委任可能）が決定できるため，支配権の所在を経営陣自身によって恣意的に選択することが可能であった。

支配株主の異動は，公開会社の経営のあり方に重大な影響を及ぼすことがあり得るから，これを株主ではなく経営陣が決定することはコーポレート・ガバナンスの観点から，看過することができない重大な問題を孕んでいると言われていた。

Ⅲ　改正の詳細

そこで，新たな支配株主が現れることとなるような募集株式の割当てや総数引受契約の締結（以下併せて「募集株式の割当て等」という）については，①株主に対して当該引受人の氏名等の情報を開示するとともに，②総株主の議決権の10分の1以上の議決権を有する株主から反対の通知があった場合には，当該引受人に対する募集株式の割当て等について，株主総会の決議による承認を要することとした（206条の2）。以下，詳述する。

(1) 新たな支配株主が現れる場合

　公募や第三者割当による募集株式の割当て等により，募集株式の引受人が有することとなる議決権の数が，総株主の議決権の数の2分の1を超えることになる場合である。2分の1という客観的かつ形式的な基準で判断される。

　募集株式の割当て等により，募集株式の引受人が有することとなる議決権の数が，総株主の議決権の数の2分の1を超える場合の募集株式の引受人を「特定引受人」という（206条の2第1項）。

　特定引受人が当該公開会社の親会社等（2条4号12）（4頁参照）である場合は，本規律の適用はない（206条の2第1項ただし書）。

　募集株式の発行等の前から当該親会社等が当該公開会社を支配しており，募集株式の発行等によって支配株主の異動が生ずるわけではないからである。

　同様に，会社法202条の規定により株主に株式の割当てを受ける権利を与える場合（いわゆる株主割当ての場合）にも，本規律の適用はない（206条の2第1項ただし書）。既存株主すべてに，均等に募集株式を引き受ける権利が与えられるためである。

◎保有割合の計算方法（206条の2第1項）

$$\frac{\text{当該引受人（その子会社等を含む）がその引き受けた募集株式の株主となった場合に有することとなる議決権の数}}{\text{当該募集株式の引受人の全員がその引き受けた募集株式の株主となった場合における総株主の議決権の数}} > 0.5$$

◎分子となる当該引受人の保有議決権の数の計算方法

　当該引受人が従来から保有していた株式の議決権数＋その子会社等（2条3号の2）（4頁参照）が従来から保有していた株式の議決権数＋当該引受人が引き受けた募集株式の議決権数＋その子会社等が引き受けた募集株式の議

決権数

　引受人による公開会社に対する支配の有無は，当該引受人が直接保有する議決権数のみならず，その子会社等を通じて間接的に保有する議決権数も合算して考慮することが相当と考えられたからである。

◎分母となる総株主の議決権数の計算方法

　当該募集株式の引受人の全員がその引き受けた募集株式の株主となった，すなわち，出資の履行等がなされ失権がないと仮定して計算する。

(2)　特定引受人の情報の開示

　上記(1)に該当する場合には，払込期日（払込期間を定めた場合にあっては，その期間の初日）（199条1項4号）の2週間前までに，株主に対し，以下の情報を通知しなければならない（206条の2第1項）。

① 　特定引受人の氏名または名称（会施規42条の2第1号）
② 　特定引受人の住所（会施規42の2第1号）
③ 　特定引受人（その子会社等を含む）がその引き受けた募集株式の株主となった場合に有することとなる議決権の数（上記(1)の計算式において分子となる数）（会施規42条の2第2号）
④ 　前号の募集株式に係る議決権の数（会施規42条の2第3号）
⑤ 　募集株式の引受人の全員がその引き受けた募集株式の株主となった場合における総株主の議決権の数（上記(1)の計算式において分母となる数）（会施規42の2第4号）
⑥ 　特定引受人（その子会社等を含む）に対する募集株式の割当てまたは特定引受人（その子会社等を含む）との間の総数引受契約の締結に関する取締役会の判断及びその理由（会施規42の2第5号）
⑦ 　社外取締役を置く株式会社において，前号の取締役会の判断が社外取締役の意見と異なる場合には，その意見（会施規42条の2第6号）
⑧ 　特定引受人（その子会社等を含む）に対する募集株式の割当てまたは特定引受人（その子会社等を含む）との間の総数引受契約の締結に関する監査役，監査等委員会または監査委員会の意見（会施規42条の2第7号）

この通知は，公告をもってこれに代えることができる（206条の2第2項）。
　但し，振替株式を発行している会社は，当該振替株式の株主またはその登録株式質権者に対しては，この通知に代えて，当該通知をすべき事項を公告することが強制される（振替株式を発行している会社が振替株式以外の株式をも発行している場合における当該株式の株主に対しては公告は強制されない）（振替法161条2項）。
　振替株式の場合は，株主名簿の記載が真の株主と必ずしも一致しないため，株主名簿上の株主に対して通知する意義が乏しいからである。
　また，通知すべき事項を記載した有価証券届出書等を払込期日（払込期間を定めた場合にあっては，その期間の初日）の2週間前までに提出している場合には，この通知をする必要はない（206条の2第3項，会施規42条の3）。
　この特定引受人の情報開示の時期及び手続きは，公開会社が，取締役会の決議によって募集事項を決定して公募，第三者割当による募集株式の発行等を行う場合の募集事項の通知等の時期及び手続きと全く同一である（2週間前通知につき201条3項，公告による代替につき同条4項，有価証券届出書の提出等の場合の省略につき同条5項，振替株式の場合の公告強制につき振替法161条2項）。
　従って，特定引受人情報の通知等と募集事項の通知等とを別々に行う必要があるか等，両通知等の関係が問題となるが，同一の通知書等に，特定引受人情報と募集事項の双方を記載して，一括して行うことも可能であると解する。

> ※　商事法務2044号7頁には，「両者を一括して行うことも妨げられないと解される」と記載されている。

(3) 株主の反対と株主総会の決議による承認

　総株主（下記の株主総会において議決権を行使することができない株主を除く）の議決権の10分の1（これを下回る割合を定款で定めた場合にあっては，その割合）以上の議決権を有する株主が上記(2)記載の通知または公告の日（通知・公告が省略される場合は，有価証券届出書の提出等をした日（会施規42条の4））

から2週間以内に特定引受人（その子会社等を含む）による募集株式の引受けに反対する旨を公開会社に対し通知したときは，当該公開会社は，払込期日（または払込期間の初日）の前日までに，株主総会の決議によって，当該特定引受人に対する募集株式の割当てまたは当該特定引受人との間の総数引受契約の承認を受けなければならない（206条の2第4項）。

今回の改正は，支配株主の異動を伴う行為については株主に判断を仰ぐ仕組みを取り入れることにある。

しかし，大多数の株主が特定引受人による募集株式の引受けに反対していない場合にもあえて株主総会の決議を要することとすると，資金調達の機動性を害するおそれ等がある。そこで，上記のとおりの規律に落ち着いた。

10分の1以上の議決権を有する株主とは，反対通知を行った1人の株主が総株主の議決権の10分の1以上を有する必要はなく，反対通知を行った複数の株主が有する議決権の合計数が総株主の議決権の10分の1に達すれば足りる。

この株主総会の決議は，議決権を行使することができる株主の議決権の過半数（3分の1以上の割合を定款で定めた場合にあっては，その割合以上）を有する株主が出席し，出席した当該株主の議決権の過半数（これを上回る割合を定款で定めた場合にあっては，その割合以上）をもって行わなければならない（206条の2第5項）。

会社の経営を支配する者を決定するという点で，取締役の選任の決議と類似する面があることから，当該決議（341条）と同様，定款による定足数の排除を制限する旨の規律のある普通決議による。

本規律の下では，募集株式の発行等の手続きが，10分の1以上の議決権を有する株主の反対通知があるか否かで変わってくるという不安定な状態に置かれる。

また，支配株主の異動を伴う募集株式の発行等を行う場合には，株主が具体的に反対していなくても，自主的に株主総会決議をとりたいと考える会社もあろう。

そのため，10分の1以上の議決権を有する株主の反対通知が集まるのを待たずに，それがあった場合に備えて事前に株主総会決議をとっておくことが可能か否かが問題となるが，可能と解されている（商事法務2044号7頁（注46））。

10分の1以上の議決権を有する株主の反対通知があった場合，株主総会を開催することとなるが，10分の1以上の反対通知の有無は，特定引受人の情報通知等の日から2週間待つ必要がある。

特定引受人の情報通知は，法文上，払込期日（払込期間を定めた場合にあっては，その期間の初日）（199条1項4号）の2週間前までに行えばよいが，ギリギリだと，全員出席総会のような形が取れない限り，払込期日までに株主総会の承認を得ることは不可能となる。

そのため，特定引受人の情報通知は，株主総会の招集の通知が会日の2週間前までに行わなければならないことを考慮し（299条1項），払込期日（払込期間を定めた場合にあっては，その期間の初日）（199条1項4号）の4週間以上前までに行うことを検討する必要がある。

あるいは，特定引受人の情報通知とともに，通知から2週間以上後の日を会日とする株主総会の招集通知を行い，情報通知から2週間以内に10分の1以上の議決権を有する株主の反対通知がなかった場合には，当該株主総会の会日の前に到達する通知によって総会招集の撤回行う方法もあろう。

なお，後述するとおり，会社が当初から10分の1以上の議決権を有する株主の反対通知があっても株主総会を開催することを予定していない場合は，特定引受人の情報通知は，払込期日（払込期間を定めた場合にあっては，その期間の初日）の2週間前で構わない。

(4) 株主総会決議による承認が不要の場合

当該公開会社の財産の状況が著しく悪化している場合において，当該公開会社の事業の継続のため緊急の必要があるときは，総株主の議決権の10分の1以上の議決権を有する株主が反対通知を行ったとしても，株主総会の決議による承認を要しない（206条の2第4項）。

株主から反対通知があった場合に常に株主総会の決議を要することとすると，公開会社が事業体としての存立を維持するために必要な資金調達が間に合わず，かえって株主の利益を害する結果となるおそれがあるからである。

この要件は，倒産の危機が迫っている場合等，株主総会を開催していては公開会社の存立自体が危ぶまれるような緊急の事態が生じている場合を想定したものとされている（商事法務2044号6頁）。

(5) 募集株式発行等の差止の仮処分（緊急性・必要性要件充足の判断）

上記のとおり，「当該公開会社の財産の状況が著しく悪化している場合において，当該公開会社の事業の継続のため緊急の必要があるとき」というのは，総株主の議決権の10分の1以上の議決権を有する株主が反対通知を行ったとしても，株主総会の決議による承認が不要となる要件である。

株主がこの要件を充足していないと考えているにもかかわらず，会社が同要件を充足しているとして株主総会の決議による承認を経ずに募集株式発行等を行おうとしている場合は，株主は，法令違反として募集株式発行等の差止の仮処分の申立（210条1号）を行い，同要件の充足の有無につき裁判所の判断を仰ぐこととなる。

もっとも，10分の1以上の反対通知があったことが判明したときから募集株式発行等の効力発生日である払込期日までの期間が短い場合も想定され，上記仮処分を申し立てる時間がない場合もあろう。その場合は，無効訴訟で事後的に争うこととなる。

(6) 株式の発行の無効の訴え（828条1項2号）

発行後に効力を争う方法は，株式の発行の無効の訴え（828条1項2号）である。緊急性・必要性要件を充足していないにもかかわらず，株主総会の決議による承認を経ずに募集株式発行等を行ったことは，無効原因となるか。無効事由が規定されていないため，問題となる。

判例を概観する。

 a 取締役会の決議を欠く新株発行：有効（最二小判昭和36年3月31日民集15巻3号645頁）

b 株主以外の者に新株を付与することについての株主総会の特別決議を経ないでなされた新株発行：有効（最二小判昭和40年10月8日民集19巻7号1745頁等）。
  c 新株発行差止めの仮処分命令に違反した新株発行：無効（最一小判平成5年12月16日民集47巻10号5423頁）
  d 新株が著しく不公正な方法により発行された場合：有効（最一小判平成6年7月14日裁判集民172号771頁）
  e 新株発行事項に関する公示義務違反：原則無効。ただし，新株発行差止請求をしたとしても差止めの事由がないためにこれが許容されないと認められる場合を除く（最三小法廷判決・平成9年1月28日民集51巻1号71頁，最二小判平成10年7月17日最判集民189号395頁）。
  f 非公開会社において株主総会の特別決議を経ないまま株主割当て以外の方法によってされた募集株式発行：無効（最三小判平成24年4月24日民集66巻6号2908頁）

 判例は，法が用意した新株発行差止請求という事前の救済手段の実効性を保証するため，株主から新株発行差止めの仮処分命令を得る機会を奪うこととなる瑕疵は無効原因とする（上記c，e）。
 しかし，それ以外は，新株発行が，授権資本制度の下，取締役会の権限とされ，会社の業務執行に準ずるものとして取り扱われているとの考えから，法律関係の安定を図る取引法上の原理を組織法上の原理に優先させ，新株発行がされた限り，有効であるとしている（上記a，b，d）。
 以上からすれば，緊急性・必要性要件を充足していないにもかかわらず，株主総会の決議による承認を経ずに募集株式発行等を行ったとしても，無効原因とならないことは十分考えられる。
 もっとも，非公開会社については，株主の持株比率維持による支配的利益が保護されていることを重視し，株主総会決議を欠く第三者割当ての方法による募集株式の発行は無効となるとしている（上記f）。
 今回の改正は，支配株主の異動については経営者ではなく株主が決定すべ

きとの見地からなされたものであるから，上記fに見る非公開会社株主の支配的利益と同様，株主の支配株主選択権は重視されるべきこと，上記(5)記載のとおり，仮処分を申し立てる時間がない場合も十分想定されることからすれば，無効となると解すべきである。

(7) 公開会社における募集新株予約権の割当て等の特則

募集新株予約権の発行等について何らの規律も設けないとすると，募集新株予約権の発行等をした上で，その引受人が直ちに新株予約権を行使すること等により，容易に募集株式の割当て等の特則が潜脱されるおそれがある。

そこで，公開会社における募集株式の割当て等に関する特則が潜脱されることを防止するためには，募集新株予約権の割当て等についても，募集株式の割当て等に関する特則（206条の2）と同様の規律を設けた。

すなわち，募集新株予約権の引受人（募集新株予約権の割当てや総数引受契約の締結（以下併せて「募集新株予約権の割当て等」という）により募集新株予約権を得た者）が，当該募集新株予約権の行使等の結果として公開会社の総株主の議決権の過半数を有することとなり得る場合については，①株主に対して当該引受人の氏名等の情報を開示するとともに，②総株主の議決権の10分の1以上の議決権を有する株主から反対の通知があった場合には，当該引受人に対する募集新株予約権の割当て等について，株主総会の決議による承認を要することとした（244条の2）。以下，詳述する。

(8) 総株主の議決権の過半数を有することとなり得る場合とは

引受人の保有割合の計算方法は，以下のとおりである（244条の2第1項）。

$$\frac{\text{当該引受人（その子会社等を含む）がその引き受けた募集新株予約権に係る交付株式の株主となった場合に有することとなる最も多い議決権の数}}{\text{分子に規定する場合における最も多い総株主の議決権の数}} > 0.5$$

募集新株予約権が株式を対価とする取得条項付新株予約権（236条1項7号

ニ）であるような場合，新株予約権の行使による株式の交付以外にも，当該取得条項による取得の対価としても株式の交付を受ける可能性がある。

この交付を受ける可能性がある株式のうち保有割合の計算の対象となる株式を「交付株式」と称し，計算式の分子に規定している。

「交付株式」は，以下の株式をいう（244条の2第2項）。

① 募集新株予約権の目的である株式
② 募集新株予約権の内容として，取得条項がある場合の対価として交付を受ける株式（236条1項7号ニに掲げる事項についての定めがある場合における同号ニの株式）
③ 募集新株予約権の内容として，次のイまたはロに掲げる事項についての定めがある場合における当該イまたはロに定める新株予約権（④及び⑤において「取得対価新株予約権」という）の目的である株式（会施規55の3第1項1号）
　イ　取得条項がある場合の対価として交付を受ける他の新株予約権
　ロ　取得条項がある場合の対価として交付を受ける新株予約権付社債に付された新株予約権
④ 取得対価新株予約権の内容として，取得条項がある場合の対価として交付を受ける株式（236条1項7号ニに掲げる事項についての定めがある場合における同号ニの株式）（会施規55の3第1項2号）
⑤ 取得対価新株予約権の内容として③イまたはロに掲げる事項についての定めがある場合における当該イまたはロに定める新株予約権は，取得対価新株予約権とみなし，③及び④の規定を適用した結果，目的となる株式および交付を受ける株式（会施規55条の3第2項）

このように交付株式に複数のものが存在する結果，募集新株予約権の引受人が交付株式の株主となった場合に有することとなる議決権の数も，複数のものが存することとなるが，これらのうち最も多い議決権数となる場合の数を分子とする。

なお，新株予約権の目的である株式の数として，確定した数のみならずそ

の算定方法を定めることも認められている（236条1項1号）。

このように，交付株式の数が，特定引受人に対する募集新株予約権の割当ての決定又は特定引受人との間の総数引受契約の締結の日（以下この項において「割当等決定日」という）後のいずれか一の日の市場価額その他の指標に基づき決定する方法，その他の算定方法により決定される場合には，当該交付株式の数は，割当等決定日の前日に当該交付株式が交付されたものとみなして計算した数とする（会施規55条の3第3項）。

分母となる総株主の議決権数については，募集株式の割当て等の場合と異なり，当該募集新株予約権の引受人の全員ではなく，特定引受人（その子会社等を含む）のみが，その引き受けた募集新株予約権に係る交付株式の株主となったと仮定して計算する。

特定引受人の議決権割合が最も大きくなる場合を算定するのであるから，他の引受人が新株予約権を行使しない可能性がある以上，分母から除外するべきであるからである。

Ⅳ　経過措置

改正会社法の施行日前に募集事項の決定があった場合におけるその募集株式または募集新株予約権については，改正後の支配株主の異動を伴う割当て等に関する規律（206条の2，244条の2）を適用しない。

改正前の規律を前提に，募集株式または募集新株予約権の発行等に向けた一連の手続が開始されているにもかかわらず，改正後の新たな規律を適用すると，特定の引受人に対する募集株式または募集新株予約権の割当て等について株主総会の決議を要することになるなど，発行会社等の予測に反する結果を招くおそれがあるからである。

（本井　克樹）

No.09 新株予約権無償割当てに関する割当て通知
279条

> **改正のポイント**
> ◆新株予約権無償割当ての通知は，新株予約権無償割当てがその効力を生じる日（278条1項3号）後遅滞なくしなければならない（279条2項）。
> ◆新株予約権の行使期間の末日が割当ての通知の日から2週間を経過する日より前に到来するときは，当該行使期間が当該通知の日から2週間を経過する日まで延長されたものとみなされる（279条3項）。

I これまでの制度

旧会社法において，株式会社は，新株予約権無償割当てを行う場合，株主およびその登録株式質権者に対し，新株予約権の行使期間の初日の2週間前までに，割当てを受けた新株予約権の内容及び数を通知しなければならない（279条2項）。旧会社法の趣旨は，新株予約権無償割当てを受けた株主に対し，新株予約権行使の準備をする時間的余裕を与えることにある（坂本三郎編『一問一答　平成26年改正会社法』152頁（商事法務，2014年））。また，割当て通知には，新株予約権無償割当てにより，株主が有する権利の内容の変更が生じることから，その内容を株主及び登録株式質権者に知らせるという機能もある。

II 改正の経緯

旧会社法に対しては，新株予約権無償割当てを用いた資金調達方法（いわゆるライツ・オファリング）による資金調達を完了するのに必要な期間を短縮することができるように，割当て通知のあり方を見直すべきであるとの指摘がなされていた（「補足説明」26頁）。

Ⅲ 改正の詳細

(1) 意義

　改正会社法では，まず，新株予約権無償割当ての通知を新株予約権無償割当てが効力を生じる日（278条1項3号）後遅滞なくしなければならないこととされている（279条2項）。次に，割当て通知が当該新株予約権の行使期間の末日の2週間前までにされることを確保するため，新株予約権の行使期間の末日が当該通知の日から2週間を経過する日より前に到来するときは，当該行使期間が，当該通知の日から2週間を経過する日までに延長されたものとみなしている（279条3項）。旧会社法の趣旨が，新株予約権無償割当てを受けた株主に対して，新株予約権の行使の準備をする時間的余裕を与えることにあることからすると，割当て通知は，新株予約権の行使期間の末日の2週間前までにされれば足りると考えることができる。また，割当て通知の機能との関係では，割当て通知が新株予約権無償割当ての効力発生後遅滞なくされることが必要となる。

　割当て通知は，各株主または登録株式質権者に対して「通常到達すべきであった時」に到達したものとみなされる（126条2項，150条2項）。

　旧会社法においては，割当て通知後の日を新株予約権の行使期間の初日とすることが必要となる。そのため，割当ての対象となる株主確定後に，割当て通知の送付に必要な印刷，封入等の実務的な準備作業時間を行使期間の開始前に見込んでおかなければならなかった。改正会社法においては，かかる作業を行使期間中に行うことも可能となるため，ライツ・オファリングのために実務上必要な期間が短縮されることが見込まれる（前掲・坂本・153頁（注2））。

(2) 割当て通知が遅れた場合

　改正会社法では，新株予約権無償割当てにおける割当て通知がなされ，新株予約権の行使期間の末日が当該通知の日から2週間を経過する日より前に到来するときは，当該行使期間が，当該通知の日から2週間を経過する日ま

でに延長されたものとみなしている（279条3項）。

　ある特定の株主に対する割当ての通知が新株予約権の行使期間の末日の2週間前より遅れた場合，改正会社法279条3項による行使期間延長の効果は，当該株主との関係に限定され，他の株主には生じないと解されている（前掲・坂本・154頁）。2週間という期間の趣旨は，各株主に対して新株予約権行使の準備の時間的余裕を付与することにあり，かかる趣旨からすると当該株主に限って当該行使期間の延長を認めれば足りることになる。また，割当て通知が遅延した株主以外の株主についてまで行使期間の延長を認めると，新株予約権に係る法律関係を不安定にし，株式会社に不測の損害を与える恐れが生じることにもなる（前掲・坂本・154頁）。

IV　経過措置

　施行日前に新株予約権無償割当てに関する事項の決定があった場合，改正前の法律を前提に新株予約権無償割当てに向けた一連の手続が開始されているといえる。そのような場合に，改正後の法律を適用することは，株式会社，株主その他利害関係者の予測に反し，無用の混乱・コストが生じる可能性がある（前掲・坂本・155頁）。

　そのため，施行日前に新株予約権無償割当てに関する事項の決定があった場合，当該新株予約権無償割当てについては，従前の例によることとされている（附則14条）。

（金澤　大祐）

第 3 編　キャッシュ・アウトに関する改正

NO.10 全部取得条項付種類株式の取得
171条の2～

改正のポイント

◆全部取得条項付種類株式は，もともと会社法制定時には100％減資の手段としての利用を想定していたが，現実には，キャッシュ・アウトの手段として利用されている。

◆このため，このような利用目的に即したルールにするため，全部取得条項付種類株式の取得対価等に関する書面等の事前備置き及び閲覧，全部取得条項付種類株式の取得に関する書面等の事後的な備置き及び閲覧による情報開示の充実をはかるとともに，株主に対する全部取得条項付種類株式を取得する等の事前通知と全部取得条項付種類株式の取得の差止制度の創設，取得の価格の決定の申立てに関する申立期間，取得の効力の発生日，会社が公正な価格と認める額の支払について整備された。

I これまでの制度

　平成17年に制定された会社法以前は，特定の法文上の根拠はないものの，株主全員の同意によって，会社が債務超過の場合に，新株を同時に発行しつつ既存株主の持株を零とする100％減資が行われていた（実務相談5巻128頁）。

　このような場合，株式の経済的価値は極めて低いにもかかわらず，少数株主の存在によって，事業再生の実施が難航したり迅速に行ったりできないうらみがあった。このため，会社法は株主総会の特別決議によって会社が株式を強制的に取得することができる全部取得条項付種類株式の制度を創設した。

　現金を対価とする組織再編や，株式併合によって少数株主の保有する株式を1株未満とすることによってキャッシュ・アウトを実現する方法もあるが，課税関係や手続的な安定性への懸念から，もっぱら全部取得条項付種類株式

がキャッシュ・アウトの手段として利用されてきた。

II 改正の経緯

　前述のとおり，全部取得条項付種類株式の取得によるキャッシュ・アウトは常に株主総会の特別決議が必要であるため，公開買付と併せて行う場合など迅速に実施することができないことから，対象会社の総株主の議決権の10分の9以上を有する株主が，対象会社の株主総会の決議を要することなくキャッシュ・アウト（現金を対価とする少数株主の締出し）を行うための新たな制度として，特別支配株主の株式等売渡請求の制度が創設された（本書65頁）。

　改正によって特別支配株主の株式等売渡請求の制度が創設されることとなったが，特別支配株主の要件を満たさない場合にもキャッシュ・アウトをすべき実務上の要請があること等から，同制度の創設は他の手法によるキャッシュ・アウトに関する現行法の規律の変更を意図するものではないとされた※。

> ※　本制度は，対象会社の総株主の議決権の10分の9以上を有する株主が利用し得るキャッシュ・アウトの手法として，他の手法とは別に新たな手法を追加するものであり，本制度の創設は，他の手法によるキャッシュ・アウトに関する現行法の規律の変更を意図するものではない（平成23年12月・中間試案の補足説明・41頁）。

　全部取得条項付種類株式の取得によるキャッシュ・アウトについては，組織再編の場合に比して情報開示，及び価格決定に関する規律が不十分であることから，これらについて整備されることになった。

III 改正の詳細

(1) 情報開示の充実

　全部取得条項付種類株式の取得がキャッシュ・アウトに利用されていることを踏まえると，少数株主に交付されるキャッシュ・アウトの対価についても，情報開示の充実を図る必要があるため，端数の処理の方法に関する事項，

NO.10　全部取得条項付種類株式の取得

当該端数の処理により株主に交付される金銭の見込額やその相当性に関する事項等を開示するべきものとされた（平成23年12月・中間試案の補足説明・46頁）。

（i）　**取得前の開示**

　全部取得条項付種類株式を取得する株式会社は，①全部取得条項付種類株式の取得に関する決定を行う株主総会の日の2週間前の日（取締役または株主による株主総会の目的事項についての提案について株主の全員が書面または電磁的記録により同意の意思表示をしたことによって当該提案を可決する旨の株主総会の決議があったものとみなされる場合の同提案があった日），または②裁判所に対する価格決定の申立に関する通知（172条2項）の日またはこれにかわる公告（同3項）の日のいずれか早い日から取得日後6か月を経過する日までの間に，171条1項各号に掲げる事項[※1]その他法務省令で定める事項[※2]を記載し，または記録した書面または電磁的記録をその本店に備え置かなければならない（171条の2・1項）。

> ※1　【171条1項（全部取得条項付種類株式の取得に関する決定）】
> 　全部取得条項付種類株式を発行した種類株式発行会社は，株主総会の決議によって，全部取得条項付種類株式の全部を取得することができる。この場合においては，当該株主総会の決議によって，次に掲げる事項を定めなければならない。
> 一　全部取得条項付種類株式を取得するのと引換えに金銭等を交付するときは，当該金銭等（以下この条において「取得対価」という。）についての次に掲げる事項
> 　イ　当該取得対価が当該株式会社の株式であるときは，当該株式の種類及び種類ごとの数又はその数の算定方法
> 　ロ　当該取得対価が当該株式会社の社債（新株予約権付社債についてのものを除く。）であるときは，当該社債の種類及び種類ごとの各社債の金額の合計額又はその算定方法
> 　ハ　当該取得対価が当該株式会社の新株予約権（新株予約権付社債に付されたものを除く。）であるときは，当該新株予約権の内容及び数又はその算定方法

ニ　当該取得対価が当該株式会社の新株予約権付社債であるとき
　　　　は，当該新株予約権付社債についてのロに規定する事項及び当
　　　　該新株予約権付社債に付された新株予約権についてのハに規定
　　　　する事項
　　　ホ　当該取得対価が当該株式会社の株式等以外の財産であるとき
　　　　は，当該財産の内容及び数若しくは額又はこれらの算定方法
　　二　前号に規定する場合には，全部取得条項付種類株式の株主に対
　　　する取得対価の割当てに関する事項
　　三　株式会社が全部取得条項付種類株式を取得する日（以下この款
　　　において「取得日」という。）

※2　【規則33条の2（全部取得条項付種類株式の取得に関する事前開示
　　事項・要約）】
　1　取得対価の相当性に関する以下を含む事項
　　　取得対価の総数または総額
　　　取得対価として当該種類の財産を選択した理由
　　　親会社がある場合にはその利益を害さないように留意した事項
　　　端数の処理の方法とその相当性
　2　前項の参考となる以下の事項
　　　取得対価が株式である場合における株式の内容，取引市場，取
　　　得対価の取引の媒介者，譲渡制限の有無，市場価格等
　3　計算書類等に関する事項
　　　最終事業年度後に会社財産の状況に重要な影響を与える事象が
　　　生じたときはその内容
　4　備置開始日

(ⅱ)　**取得後の開示**

　株式会社は，取得日後遅滞なく，株式会社が取得した全部取得条項付種類株式の数その他の全部取得条項付種類株式の取得に関する事項として法務省令で定める事項※を記載し，または記録した書面または電磁的記録を作成し，取得日から6か月間，これらの書面または電磁的記録をその本店に備え置かなければならない（173条の2第1項，2項）。

(171条の2～)

NO.10　全部取得条項付種類株式の取得

※　【規則33条の3】
1　株式会社が全部取得条項付種類株式の全部を取得した日
2　171条の3（差止請求）の規定による請求に係る手続の経過
3　172条（価格決定の申立）の規定による手続の経過
4　株式会社が取得した全部取得条項付種類株式の数
5　前各号に掲げるもののほか，全部取得条項付種類株式の取得に関する重要な事項

(2)　価格決定の申立てに関する規律等の整備
(i)　全部取得条項付種類株式の取得の差止め請求

　全部取得条項付種類株式の取得が法令または定款に違反する場合において，株主が不利益を受けるおそれがあるときは，株主は，株式会社に対し，全部取得条項付種類株式の取得をやめることを請求することができる（171条の3）。

　改正前は，差止に関する規定がなく，株主総会決議の取消の訴えを本案とする仮の地位を定める仮処分（民事保全法23条2項）の申し立てによるものと考えられていたが，被保全権利が不明確ではないか，総会決議の取消は手続的安定を脅かすものであるなどの批判があった。そこで，本規定を新設し，会社が意図する全部取得条項付種類株式の取得に対して不服のある株主は，上記の要件のもとでその差止を請求することができるものとした。

　全部取得条項付種類株式の取得が法令に違反する場合とは，法定書類の不備置・不実記載，法令上必要とされている事項を決議事項としていない場合などが考えられる。なお，取得対価が実質的に不当（低廉）であることは，取締役の忠実義務違反であって会社による法令違反行為ではなく，また，取得価格の決定の申立制度で解決することができるため，取得価格が特別利害関係株主の議決権行使によって著しく不当に定められたような特段の事情がない限り，これに該当しないと解される（江頭憲治郎『会社法〔第6版〕』163頁（有斐閣，2014年））。

　全部取得条項付種類株式の取得が定款に違反する場合とは，取得の対価等定款で定めた決定方法（108条2項・種類株式の内容は定款に定められる）に基

づいていないなどのケースが考えられる。

　株主は，会社がこの請求に応じないときは，全部取得条項付種類株式の取得の決議の差止を求める仮処分を申し立てることになる。

(ii)　**株主に対する通知**

　株式会社は，取得日の20日前までに，全部取得条項付種類株式の株主に対し，当該全部取得条項付種類株式の全部を取得する旨を通知しなければならない。前項の規定による通知は，公告をもってこれに代えることができる。
【172条2・3項】

　従前は取得を行う旨の通知・公告の手続が設けられていなかったため，株主総会の招集を通知されない議決権のない株主が取得の事実を知らないうちに取得価格の決定の申立期間が徒過するおそれがあった。そのため，事前通知の制度が新設された。

(iii)　**裁判所に対する価格の決定の申立て**

　全部取得条項付種類株式の取得に関する決定（171条1項）に関する事項を定めた場合には，①当該株主総会に先立って当該株式会社による全部取得条項付種類株式の取得に反対する旨を当該株式会社に対し通知し，かつ，当該株主総会において当該取得に反対した株主（当該株主総会において議決権を行使することができるものに限る），または，②当該株主総会において議決権を行使することができない株主は，取得日の20日前の日から取得日の前日までの間に，裁判所に対し，株式会社による全部取得条項付種類株式の取得の価格の決定の申立てをすることができる（172条1項）。

　従前の価格決定の申立制度では，申立期間を全部取得条項付種類株式の取得の「株主総会の日」から20日以内と定めていたが，同期間の満了前に取得日が到来するという不都合が指摘されていた。このため，取得の通知を「取得日」の20日前までに行うべきであると定めるとともに，価格決定の申立期間をこれに合わせて「取得の日」を基準とした。

(iv)　**対価の効力の発生日**

　裁判所に対する価格の決定の申立てをした株主を除き，当該株式会社以外

の全部取得条項付種類株式の株主は，取得日に，全部取得条項付種類株式の取得に関する株主総会の決議による定めに従って，株主，社債権者，新株予約権者などとなる。

【173条2項】

　従前は，効力発生日に全株主にその効力が及ぶとされていた。しかし，裁判所に対する価格の決定の申立てをした株主にまで一律にその効力が及ぶとするのは合理的でないため，裁判所に対する価格の決定の申立てをした株主には取得の効力が及ばないものとされ，効力発生が前提となる支払も行われないことになった。

　(v)　公正な価格と認める額の支払

　株式会社は，全部取得条項付種類株式の取得の価格の決定があるまでは，株主に対し，当該株式会社がその公正な価格と認める額を支払うことができる。

【172条5項】

　裁判所に対する価格の決定の申立てをした株主には取得の効力が及ばないものとされ，対価の交付も行われないことになったが（173条2項），株式会社は，裁判所の決定した価格に対する取得日後の年6分の利率により算定した利息をも支払わなければならない（173条4項，旧法173条2項）。このため，会社が後に多額の利息を支払うことを回避できるように，株式会社は，全部取得条項付種類株式の取得の価格の決定があるまでは，株主に対し，当該株式会社がその公正な価格と認める額を支払うことができる制度とした。

Ⅳ　経過措置

　全部取得条項付種類株式の取得に関する経過措置として，施行日（平成27年5月）前に旧会社法171条1項の決議をするための株主総会の招集手続が開始された場合におけるその全部取得条項付種類株式の取得については，なお従前の例によるとされている（附則10条）。

（古田　利雄）

NO.11 特別支配株主による株式等売渡請求
179条～，846条の2～

> **改正のポイント**
>
> ◆特別支配株主による株式等売渡請求とは，平成26年会社法改正により新たに創設されたキャッシュ・アウトの手続である。B株式会社の株主は，AとCのみであり，AがBの総株主の議決権の10分の9以上を有し，残りをCが保有していたとする。この場合におけるAを特別支配株主といい，特別支配株主であるAはCに対し，Cが保有するB株式の全部を自己（A）に売り渡すことを請求することができる。対象会社の株主総会決議は不要であり，対象株式は会社を介さずに直接，特別支配株主に移転する。

I これまでの制度

(1) はじめに

　本節では，いわゆるキャッシュ・アウトの手続きのうち，特別支配株主による株式等売渡請求につき解説する。ここにキャッシュ・アウトとは，明確な定義があるわけではないが，多数派株主の意向により，少数派株主が，自身の意思に関係なく，金銭を対価として強制的に締め出されることをいう。当該少数派株主が会社から退出することに着目すれば，「締め出し」（スクイーズ・アウト）であるし，その対価であるマネーに着目すれば，「キャッシュ・アウト」ということである。

　キャッシュ・アウトは，平成17年会社法改正前においては，産業活力再生法（平成26年1月20日付けで，産業競争力強化法の施行に伴って廃止）の下における「合併等対価の柔軟化の特例」として可能であった。会社法の制定に当たり，かかる交付金合併（キャッシュ・アウト・マージャー）による少数派株主の締め出しがそもそも妥当なのかについては，大きく議論がなされたとこ

ろではある。平成17年に制定された会社法は，吸収型の組織再編においてではあるが，かかる「そもそも論」に立ち入ることなく，金銭を対価とする組織再編として，一般的に法認した。会社法の下においては，金銭を対価とする組織再編は，金銭を対価とする吸収合併（749条1項2号），株式交換（768条1項2号）として可能である（ただこれらは税務上の理由からあまり用いられない）。

　他方，会社法の下においては，全部取得条項付種類株式や株式併合を用いるといった，法の制定当初に予想していなかった，新たな「実務」が生じるにいたった。とりわけ，前者（全部取得条項付種類株式）を用いたキャッシュ・アウトは，公開会社においては，非公開化（ゴーイング・プライベート）の一コマとして，広く用いられ，実務上定着するに至った。かかる実務は，非公開会社においても，MBO※や内紛の解決手段として用いられている。

> ※　「企業価値の向上及び公正な手続確保のための経営者による企業買収（MBO）に関する指針」（平成19年9月4日，経済産業省）によると，MBOとは，現在の経営者が資金を出資し，事業の継続を前提として対象会社の株式を購入することをいう。

(2)　非公開化について

　便宜上ここで，非公開化について述べておく。一般に非公開化とは，MBO，上場子会社の完全子会社化等一定の戦略的な目的のため，特定の者が上場会社の株式の全部を取得し，その会社を非上場会社化することと捉えられている。具体的には，上場会社であるB株式会社につき，その取締役Aが，公開買付けを行い，一定数の株式を取得した後，上場を廃止し，残株式につき，「キャッシュ・アウト」をして，その完全子会社化を図るのである。非公開化のためのスキームは，大きく分けて，公開買付けと締め出しに区別することができ，後者の一手法として，全部取得条項付種類株式が用いられる[※1]。

　非公開化のメリットとしては，①所有と経営の分離に伴うエージェンシー問題の解決，②長期的視野に立った事業改革の実行，③上場コストの削減，

④税務上のメリットなど様々な点が挙げられている一方[※2]，⑤締め出しに伴うリーガルリスクや，⑥経営者がMBOにより株式を取得するところから生ずる利益相反といった，無視できないリスクを孕む。

> ※1　明石一秀＝大塚和成＝松嶋隆弘＝吉見聡編『非公開化の法務・税務』（税務経理協会，2013年）3頁
> ※2　詳しくは，水野信次＝西本強『ゴーイング・プライベート（非公開化）のすべて』（商事法務，2010年）5頁以下を参照のこと。

II　改正の経緯

(1)　議論の方向性

　上記のキャッシュ・アウトについては，前述のとおり，少数派株主保護の見地から認められるべきではないという「そもそも論」も，リクツとしては十分成り立ち得るところである。しかし，今日において，かかるキャッシュ・アウトは，実務上完全に定着するに至っており，今更「卓袱台返し」をしようとしても詮無いことである。学説もかかる見地に立ち，キャッシュ・アウトされる株主が被る個別の不利益ごとに，具体的な救済を考えていこうとする。

(2)　キャッシュ・アウトされる株主が被る不利益

　さて，キャッシュ・アウトされる株主が被る不利益としては，(1)自己の意思に反してキャッシュ・アウトされる不利益，(2)公正な価格を下回る対価でキャッシュ・アウトされる不利益，(3)キャッシュ・アウトに当たっての情報が十分なものではない不利益といったものが考えられる。順次みていこう。

(i)　自己の意思に反してキャッシュ・アウトされる不利益

　自己の意思に反してキャッシュ・アウトされ得る可能性「それ自体」については，取得条項付株式，全部取得条項付種類株式等にみられるとおり，そもそも会社法が前提としているところであり，会社法の下においては，所与の前提として動かしがたい。ただ，キャッシュ・アウトに関する株主総会決議の効力を争うことは認められており，近時裁判例も多いところである（株主総会決議取消の訴えの原告適格につき，東京高判平成22年7月7日判時2095号

128頁，東京地判平成22年9月6日金判1352号43頁。取消事由につき，前掲・東京地判平成22年9月6日のほか，東京地判平成26年4月17日金判1444号44頁※）。

※ 大久保拓也・判批・新・判例解説Watch（2014年9月26日掲載商法No.69）

(ii) 公正な価格を下回る対価でキャッシュ・アウトされる不利益

会社法は，反対株主の株式買取請求権（116条，182条の4，469条，785条，797条，806条）として，反対株主が株式会社に対し，自己の有する株式を「公正な価格」で買い取ることを請求することができる旨定める[※1]。かかる「公正な価格」は，当事者間で協議が整わなかった場合には，裁判所が決定する（117条，182条の5，470条，786条，798条，807条）。問題はその場合の価格決定の基準をどうするかである。

平成17年改正前商法は，この点につき「決議ナカリセバ其ノ有スベカリシ公正ナル価格」と規定していたところ，会社法は「決議ナカリセバ其ノ有スベカリシ」との修飾語を削除し，単に「公正な価格」とのみ規定した。会社法が，反対株主の株式買取請求権において前記修飾語を削除した趣旨は，買取価格の算定に当たって，「ナカリセバ価格」に加え組織再編などによって生じたシナジー（相乗効果）を反対株主にも分配させ，もって反対株主の保護を厚くするところにある。この趣旨は，株式を強制的に取得される全部取得条項付種類株式を保有する株主にも妥当するものと解される。従って，全部取得条項付種類株式の価格決定の申立てがなされた場合の価格決定においても，（条文には「公正な価格」と書かれていないものの）同様の取扱いがなされるべきものと解される。現に決定例は，両者を区別していない。

この不利益に対する対応策は，価格決定の申立て（172条），株式買取請求権の行使，（事後的な）損害賠償請求権の行使等多様なものがあり，関連の裁判例も多数にのぼる[※2]。

以下の**表1**は，「公正な価格」に関する決定例を時系列に並べたものである（ただし平成24年4月分まで：2列目に「反」とあるのは，反対株主の株式買取請求権にかかるものであることを，「全」とあるのは，全部取得条項付種名株

式の買取にかかるものであることを，それぞれ示している）。平成21年頃から，かかる事案が急激に増え，それらの先例の蓄積を踏まえ，最高裁の判断が下されるまでに至ったものである（下記の表の網掛け部分）。

表1 「公正な価格」に関する決定例

決定例	反or全※	公正な価格	シナジー	価格
東京地決平成21年4月17日金判1320号31頁	反	「公正な価格」は，株式交換の効力発生日を基準として，株式交換によるシナジーを適切に反映した同社株式の客観的価値を算定すべきところ，当該当事会社が上場会社である場合には，当該株式交換から生ずるシナジーを含む企業の客観的価値が反映されていないことを窺わせる特段の事情がない限り，株式交換の効力発生日前1か月間の株価の終値による出来高加重平均値をもって，株式交換の効力発生日を基準とした同社株式の「公正な価格」とするのが相当である。	有	1株1,044円
東京地決平成21年5月13日金商1320号31頁	反	「公正な価格」は，株式交換の効力発生日を基準として，株式交換によるシナジーを適切に反映した同社株式の客観的価値を算定すべきところ，当該当事会社が上場会社である場合には，当該株式交換から生ずるシナジーを含む企業の客観的価値が反映されていないことを窺わせる特段の事情がない限り，株式交換の効力発生日前1か月間の株価の終値による出来高加重平均値をもって，株式交換の効力発生日を基準とした同社株式の「公正な価格」とするのが相当であるとした。	有	1株1,044円
東京高決平成21年7月17日金判1341号31頁	反	「公正な価格」は，価格操作を目的とする不正な手段等通常の形態における取引以外の要因によって影響されたと認められる特別な事由がない限り，市場価格を算	有	1株293円

			定の基礎とすべきであると解されるとして，原審同様，抗告人らが株式買取請求をした日の市場価格の終値である１株293円を公正な価格として，抗告を棄却した。		
大阪地決平成21年9月1日判タ1316号219頁	全	・「公正な価格」とは，基準となる株価を公開買付け発表日の１年前の株価の近似値である700円とした上で，それに20パーセントのプレミアムを加算した840円が相当であるとした。 ・「公正な価格」とは，その当時の市場価格を基準に，継続的な一定期間の平均値を算定するなどして評価の精度を高めた上で定めるべきである。 ・MBOの準備開始時期から公開買付けの公表時点までの期間における株価については，特段の事情のない限り，原則として，企業価値を把握する指標としては排除すべきである。 ・公開買付け（TOB）における株式の公正な価格を算定するに当たっては，株式の客観的価値に加え，MBOにより支配権を強化することのできる経営者側が支配権を手に入れるため追加的に支払う取得対価（支配プレミアム）や，株主が全部取得条項を付されて株式を強制的に取得されることにより投資機会を失い（スクイーズアウト），あるいは，投資の流動性を奪われる対価として支払われる金銭（スクイーズアウトプレミアム）を考慮すべきである。	有	840円
東京地決平成21年9月18日金判1329号45頁	全	・公正な価格を定めるに当たっては，取得日における当該株式の客観的価値に加え，強制的取得により失われる今後の株価の上昇に対する期待を評価した価格をも考慮するのが相当である。 ・全部取得条項付種類株式の取得価格の		1株当たり6万円

		決定の申立てがされた場合における当該株式の客観的価値を定めるに当たっては，評価基準時点にできる限り近接し，かつ，公開買付けの公表等による影響のない一定期間の市場株価の平均値をもって当該株式の客観的価値であると判断すべきである。 ・公開買付け公表前1か月間の市場価格の終値による出来高加重平均値をもって算定した価格を，取得日における株式の客観的価値と認めた。 ・公開買付け公表前1か月間の市場価格の終値による出来高加重平均値をもって算定した価格である1株当たり5万1,133円を本件取得日における相手方株式の客観的価値とした上で，公開買付け時に示された本件買付価格は，MBO実施後に増大が期待される価値のうち既存株主に対して分配されるべき部分を最大限織り込んだものと認められるなどとして，本件株式の取得価格につき，1株当たり6万円とした事例		
東京地決平成21年10月19日金判1329号30頁	反	・「公正な価格」とは，特段の事情がない限り，吸収合併の効力が確定的に生じる吸収合併の効力発生日における清算会社の客観的価値（吸収合併がなければ有すべき清算価値または吸収合併を前提とした清算価値に基づいて算定された価格）をいう。 ・算定に当たり，清算会社の客観的価値（清算価値）に基づいて算定することが相当でない特段の事情はないとした。	有	1株当たり130円
東京地決平成22年3月5日判時2087号12頁	反	・「公正な価格」は，認定放送持株会社への移行を伴う本件吸収分割により，申立人の企業価値またはその株主価値が毀損されたとも，シナジーが生じたと		1,294円

			も認められないことから，裁判所の裁量により本件吸収分割の効力発生日を基準日として，本件吸収分割がなければ本件株式が有していたであろう客観的価値を基礎として算定するのが相当である。 ・上記効力発生日前1か月間の申立人株式の市場株価の終値による出来高加重平均値（1,255円）を算定した上で，交渉過程において申立人が買取価格（1,294円）を提示してきたという経緯を考慮して，本件株式の買取価格を1,294円とした。 ・吸収分割株式会社の株主による株式買取請求に係る「公正な価格」とは，裁判所の裁量により，株式買取請求が確定的に効力を生ずる吸収分割の効力発生日を基準日として，事案に応じて，吸収分割がなければ同社株式が有していたであろう客観的価値，または吸収分割によるシナジーを適切に反映した同社株式の客観的価値を基礎として算定するのが相当であり，単に吸収分割株式会社の事業を完全子会社である吸収分割承継会社に承継させ，自らをその持株会社とするような形態の吸収分割が，他の組織再編行為や組織上の行為等と連動して行われ，それによって，当事会社の株式の実質的な価値が変動する可能性がある場合には，それらの連動して行われる行為による影響も考慮に入れて，反対株主による株式買取請求に係る「公正な価格」を算定するのが相当である。		
東京高決平成22年5月24日金判1345		反	・営業譲渡や合併，会社分割は，会社財産の処分として捉えることができるか	無	1株360円

号12頁		ら，少数派の反対株主は，会社が清算される場合と同様，会社の全財産に対する残余財産分配請求を有すると観念的には捉えることができる。 ・その価値は，清算に際し事業が一体として譲渡される場合を想定した事業価値，すなわち，その事業から生ずると予想される将来のキャッシュ・フローの割引現在価格に一致すると考えるのが合理的である。 ・本件では，理論的観点からして，配当還元方式よりDCF方式を採用する方が適切である。		
東京高決平成22年7月7日判時2087号3頁	反	本件吸収分割により吸収分割株式会社の企業価値・株主価値が毀損されたとも，シナジーが生じたとも認めることができないことを前提に，裁判所の裁量により，買取請求期間満了時を基準日として，本件吸収分割決議がなければ本件株式が有していたであろう客観的価値を基礎として算定すると，上場株式である本件株式については，基準日の市場株価終値1,294円を「公正な価格」と認めるのが相当であるとした。	無	1,294円
東京高決平成22年10月19日判夕1341号186頁	反	・本件株式交換自体により抗告人の企業価値ないし株主価値が毀損されたものというべきであるから，本件株式交換がなければ抗告人株式が有していたであろう客観的価値を基礎として「公正な価格」を算定するのが相当である。 ・本件株式交換の計画公表後における市場全体・業界全体の動向その他を踏まえた補正をして本件株式交換の効力発生日を基準時とする株式の客観的価値を算定する方が，同計画公表前の一定期間の市場株式価格の平均値をもって	無	1株6万7,791円

			算定するより合理性が高い。 ・回帰分析の手法を用いて補正された株式価格による本件株式交換の効力発生の前日からその前1か月の平均価格が「公正な価格」であるとして，買取価格を1株6万7,791円とした。		
東京地決平成22年11月15日金判1357号32頁	反	・特定の一時点の市場株価を参照して算定するのは相当でなく，吸収合併の効力発生日に近接した一定期間の市場株価の平均値をもって算定するのが相当 ・市場価格について異常な価格形成がされたなどの特段の事情がない限り，当該吸収合併の効力発生日前1か月の市場株価の終値による出来高加重平均値をもって算定した価格を「公正な価格」とみてよい。	有	1株300円
東京地決平成23年3月30日（2011WLJPCA03306005）	反	・効力発生日前1か月間の市場株価の終値による出来高加重平均値をもって算定した価格を「公正な価格」とみて差し支えない。 ・相手方自身が協議の段階から買取価格としてこれを上回る金額を提示していたことなどから，本件株式の買取価格をその提示金額と同じく1株につき2万848円とした	有	1株2万848円（提示金額）
最決平成23年4月19日民集65巻3号1311頁（金判1375号16頁）		・シナジー（組織再編による相乗効果）その他の企業価値の増加が生じない場合に，同項所定の消滅株式会社等の反対株主がした株式買取請求に係る「公正な価格」は，原則として，当該株式買取請求がされた日における，吸収合併契約等を承認する旨の株主総会の決議がされることがなければその株式が有したであろう価格をいう。 ・企業価値が増加も毀損もしないため，当該吸収合併等が同項所定の消滅株式	無	1株1,294円

		会社等の株式の価値に変動をもたらすものではなかった場合には，株式買取請求がされた日における吸収合併契約等を承認する旨の株主総会の決議がされることがなければその株式が有したであろう価格を算定するに当たって参照すべき市場株価として，同日における市場株価やこれに近接する一定期間の市場株価の平均値を用いることは，当該事案の事情を踏まえた裁判所の合理的な裁量の範囲内にある。		
最決平成23年4月26日集民236号519頁（金判1375号28頁）		（組織再編による相乗効果）その他の企業価値の増加が生じない場合に，同項所定の消滅株式会社等の反対株主がした株式買取請求に係る「公正な価格」は，原則として，当該株式買取請求がされた日における，吸収合併契約等を承認する旨の株主総会の決議がされることがなければその株式が有したであろう価格をいう。	無	1株6万7,791円（差戻後抗告審：東京高決平成22年10月19日判タ1341号14頁）
最決平成24年2月29日金判1388号16頁		・原則として，株式移転により組織再編による相乗効果その他の企業価値の増加が生じない場合には，当該株式買取請求がされた日における，株式移転を承認する旨の株主総会決議がされることがなければその株式が有したであろう価格をいうが，それ以外の場合には，株式移転計画において定められていた株式移転設立完全親会社の株式等の割当てに関する比率が公正なものであったならば当該株式買取請求がされた日においてその株式が有していると認め	有	1株691円（差戻後抗告審：東京高決平成25年2月28日判タ1393号239頁）

NO.11　特別支配株主による株式等売渡請求

			られる価格をいう。 ・相互に特別の資本関係がない会社間において，株主の判断の基礎となる情報が適切に開示された上で適法に株主総会で承認されるなど一般に公正と認められる手続きにより株式移転の効力が発生した場合には，当該株主総会における株主の合理的な判断が妨げられたと認めるに足りる特段の事情がない限り，当該株式移転における株式移転設立完全親会社の株式等の割当てに関する比率は公正なものである。 ・株式移転計画に定められた株式移転設立完全親会社の株式等の割当てに関する比率が公正なものと認められる場合には，株式移転により企業価値の増加が生じないときを除き，株式移転完全子会社の反対株主がした株式買取請求に係る「公正な価格」を算定するに当たって参照すべき市場株価として，株式買取請求がされた日における市場株価やこれに近接する一定期間の市場株価の平均値を用いることは，裁判所の合理的な裁量の範囲内にある。		
大阪地決平成24年4月13日金判1391号52頁	全	・いわゆる「ナカリセバ価格」が1株当たり469円，「増加価値分配価格」が1株当たり180円と認められる判示の事実関係の下においては，公開買付けで公表された普通株式の買付け価格が1株当たり600円であっても，これを超える1株当たり649円と算定することができる。	有	1株当たり649円

※　反：反対株主の株式買取請求権　　全：全部取得条項付種類株式の価格決定

※1　会社法は，その他に新株予約権買取請求権（118条，777条，787条，808条）として，新株予約権者が株式会社に対し，自己の有する新

　　　　　株予約権を公正な価格で買い取ることを請求することができる旨定
　　　　　める。
　※2　なお，裁判例のうち，いわゆるレックス事件につき，検討するもの
　　　　　として，金澤大祐「MBOの局面における取締役の行為規制—取締
　　　　　役は投資家に対しいかなる法的役割を果たすべきか—」第82回証券
　　　　　経済学会全国大会報告（平成26年11月1日，和歌山大学）：http://
　　　　　www.sess.jp/meeting/report_82/06.pdf

(iii) キャッシュ・アウトに当たっての情報が十分なものではない不利益

　これは，現行法上未対応な部分といってよく（全部取得条項付種類株式を用いたキャッシュ・アウトの場合，取締役に課される情報提供としては，株主総会における説明義務（314条）と，全部取得条項付種類株式を取得する決議をする場合における，当該株主総会における「取得を必要とする理由」(171条3項)の説明があったにすぎない），組織再編に倣った事前開示の手続が整備されることが必要であると，かねてから指摘されてきたところであった。

III　改正の詳細

(1)　特別支配株主による株式等売渡請求

(i)　意義

　特別支配株主による株式等売渡請求とは，平成26年会社法改正により新たに創設された制度である。具体例で説明しよう。B株式会社の株主は，AとCのみであり，AがBの総株主の議決権の10分の9以上を有し，残りをCが保有していたとする。この場合におけるAを特別支配株主といい，特別支配株主であるAはCに対し，Cが保有するB株式の全部を自己（A）に売り渡すことを請求することができる。請求の対象とされた株式は，強制的にCからAに移転する。すなわち，Aは，所定の手続きを経て，一定の日に対象株式を取得することができる。この特別支配株主による株式等売渡請求は，少数株主権の一種であるが，会社に対する権利でなく，他の株主に対する権利である点で特殊であるといえる[※1]。

　ここに「特別支配株主」とは，「特別支配会社」(468条1項)に倣って設

けられた概念であり，株式会社の総株主の議決権の10分の9※2以上を当該株式会社以外の者及び当該者が発行済株式の全部を有する株式会社その他これに準ずるものとして法務省令（会施規33条の4）で定める法人（特別支配株主完全子法人）が有している場合における当該者をいう（179条1項）。

　株式等売渡請求における「等」とは，新株予約権のことである。すなわち，特別支配株主は，株式の売渡請求をするときに，併せて，対象会社の新株予約権者（対象会社及び当該特別支配株主を除く）の全員に対し，その有する対象会社の新株予約権の全部を当該特別支配株主に売り渡すことを請求することができる（179条2項）。100％の持株関係を将来にわたって維持するためには，新株予約権も取得し，将来，別の株主が登場する道をふさいでおく必要があるためである。同様な理由から，新株予約権付社債に付された新株予約権についても，売り渡しを請求することができる（179条3項）。

　　※1：江頭憲治郎『株式会社法（第6版）』276頁（有斐閣，2015年）
　　※2：これを上回る割合を当該株式会社の定款で定めることもでき，その場合には，その割合が基準とされる。

(ii)　**手続き**

　特別支配株主による株式等売渡請求の手続きの流れは，下記のとおりである。

　　a　株式等売渡請求において定めておくべき事項

　株式等売渡請求をなすに当たっては，特別支配株主は，次に掲げる事項を定めておかなければならない（179条の2第1項）。次表2の3の「金銭の割当てに関する事項」は，売渡株主の有する売渡株式の数に応じて金銭を交付することを内容とするものでなければならない（179条の2第3項）。ただ，対象会社が種類株式発行会社である場合には，対象会社の発行する種類の株式の内容に応じ，金銭の割当てについて売渡株式の種類ごとに異なる取扱いを行う旨及び当該異なる取扱いの内容を定めることができる（179条の2第2項）。

表2 会社法179条の2第1項に規定する事項

1	特別支配株主完全子法人に対して株式売渡請求をしないこととするときは，その旨及び当該特別支配株主完全子法人の名称	
2	売渡株主（株式売渡請求によりその有する対象会社の株式を売り渡す株主）に対して売渡株式の対価として交付する金銭の額又はその算定方法	
3	売渡株主に対する金銭の割当てに関する事項	
4	株式売渡請求に併せて新株予約権売渡請求（新株予約権が新株予約権付社債に付された新株予約権を含む）をするときは，その旨及び次に掲げる事項	
	イ	特別支配株主完全子法人に対して新株予約権売渡請求をしないこととするときは，その旨及び当該特別支配株主完全子法人の名称
	ロ	売渡新株予約権者（新株予約権売渡請求によりその有する対象会社の新株予約権を売り渡す新株予約権者）に対して売渡新株予約権の対価として交付する金銭の額またはその算定方法
	ハ	金銭の割当てに関する事項
5	取得日	
6	株式売渡対価の支払のための資金を確保する方法，株式等売渡請求に係る取引条件（会施規33条の5）	

　b　特別支配株主による通知と対象会社の承認

　特別支配株主は，株式等売渡請求をしようとするときは，対象会社に対し，その旨及び前記の表記載の事項につき通知し，対象会社の承認を受けなければならない（179条の3第1項）。

　対象会社の承認は，対象会社が取締役会設置会社の場合には，取締役会の決議によらなければならない（179条の3第3項）。取締役会非設置会社の場合，取締役の過半数をもって決定する（348条2項）。

　また，株式売渡請求に併せて新株予約権売渡請求がなされる場合には，新株予約権売渡請求のみを承認することはできない（179条の3第2項）。対象会社は，第1項の承認をするか否かの決定をしたときは，特別支配株主に対し，当該決定の内容を通知しなければならない（179条の3第4項）。対象会社の承認が株式売渡請求の要件とされている趣旨は，キャッシュ・アウトの

NO.11 特別支配株主による株式等売渡請求

条件を特別支配株主が定めるものとされているところ，売渡株主の利益への配慮という観点からは，特別支配株主による一方的な条件提示のみによって無条件にキャッシュ・アウトを認めることは適切ではなく，キャッシュ・アウトの条件について，一定の制約が必要であるためである。

　　c　株式等売渡請求の撤回

　特別支配株主は，対象会社の承認を受けた後で，株式等売渡請求の撤回をしようとする場合には，取得日の前日までに対象会社の承諾を得なければならない（179条の6第1項）。この場合の撤回は，全部の撤回である。

　この場合も，bの場合と同様，対象会社の承認は，対象会社が取締役会設置会社の場合には，取締役会の決議によらなければならない（179条の6第2項）。取締役会非設置会社の場合，取締役の過半数をもって決定する（348条2項）。ここで対象会社の承認が必要とされている趣旨も，bと同様である。

　　d　売渡株主等に対する通知等

　特別支配株主から通知を受けた対象会社が前記の承認をしたときには，対象会社は，取得日の20日前までに，次の各号に掲げる者に対し，当該各号に定める事項を通知しなければならない（179条の4第1項）。この通知は，売渡株主に対してするものを除き，公告で代替することができる（179条の4第2項）。売渡株主に対する通知を必須とし，公告による代替を認めないのは，売渡株主に，価格決定の申立て（179条の8）の機会を保障するためである。通知・公告は，特別支配株主の負担とされる（179条の4第4項）。

表3　売渡株主等に対する通知内容

1	売渡株主（売渡株主，売渡新株予約権者）	当該承認をした旨，特別支配株主の氏名または名称及び住所，前記表2に関する表記載の事項
2	売渡株式の登録株式質権者，売渡新株予約権の登録新株予約権質権者	当該承認をした旨

　対象会社から売渡株主等に対し前記通知・公告がなされたときには，特別

支配株主から売渡株主等に対し、株式等売渡請求がされたものとみなされる（179条の4第3項）。

　　e　事前情報開示

　対象会社は、dの通知・公告の日のいずれか早い日から取得日後6か月（対象会社が公開会社でない場合にあっては、取得日後1年）を経過する日までの間、次の事項を記載・記録した書面・電磁的記録をその本店に備え置かなければならない（179条の5第1項）。

表4　会社法179条の5第1項に規定する事項

1	特別支配株主の氏名又は名称及び住所
2	前記aの表記載の事項
3	対象会社が承認をした旨
4	法務省令で定める事項（会施規33条の7）

　売渡株主等は、対象会社に対して、その営業時間内は、いつでも、閲覧、謄本または抄本の交付請求等をすることができる（179条の5第2項）。

　　f　売渡株式等の取得

　株式等売渡請求をした特別支配株主は、取得日に、売渡株式等の全部を取得する（179条の9第1項）。特別支配株主が取得した売渡株式等が譲渡制限株式または譲渡制限新株予約権であるときは、対象会社が承認（137条1項、263条1項）をする旨の決定をしたものとみなされる（179条の9第2項）。

　　g　事後情報開示

　対象会社は、取得日後遅滞なく、特別支配株主が取得した売渡株式等の数その他の事項を記載・記録した書面・電磁的記録を作成し（179条の10第1項）、取得日から6か月間（対象会社が公開会社でない場合にあっては、取得日から1年間）、その本店に備え置かなければならない（179条の10第2項）。

　取得日に売渡株主等であった者は、対象会社に対して、その営業時間内は、いつでも、書面の閲覧の請求、謄本または抄本の交付の請求等をすることができる（179条の10第3項）。

（179条～、846条の2～）

NO.11　特別支配株主による株式等売渡請求

　　h　小括
　以上の手続きを全部取得条項付種類株式を用いたキャッシュ・アウトと対比すると，(i)対象会社を介さずに，対象株式が直接移転すること，(ii)株主総会決議が要求されていないこと，の2点を特記事項として指摘しておくことができる。
　特別支配株主の要件は重いが，非公開化の第一段階で，特別支配株主になることが可能であれば，全部取得条項付種類株式を利用する際に必要な株主総会決議は不要であり，しかも，会社を介さずダイレクトな対象株式の移転が実現する。
　(iii)　**売渡株主の救済手段**
　売渡株主の救済手段としては，下記の3つが認められている。
　　a　売買価格の決定の申立て（179条の8）
　まず売渡株主等には，売買価格の決定の申立てが認められている（179条の8）。これは基本的には，全部取得条項付種類株式に関する会社法172条等とパラレルな規定である※。すなわち，株式等売渡請求があった場合には，売渡株主等は，取得日の20日前の日から取得日の前日までの間に，裁判所に対し，その有する売渡株式等の売買価格の決定の申立てをすることができる（179条の8第1項）。
　特別支配株主は，裁判所の決定した売買価格に対する取得日後の年6分の利率により算定した利息をも支払わなければならないが（179条の8第2項），株式買取請求権（117条5項，182条の5第5項，470条5項，786条5項，798条5項，807条5項），全部取得条項付種類株式に関する会社法172条に做って，価格決定前の支払制度が認められており，売渡株式等の売買価格の決定があるまでは，売渡株主等に対し，当該特別支配株主が公正な売買価格と認める額を支払うことができる（179条の8第3項）。

　　※　会社法172条の場合に支払義務を負うのは会社だが，本条の場合に支払義務を負うのは特別支配株主である。

b　差止請求

　次いで，売渡株主には，売渡株式等の取得をやめることの請求をすることが認められている（179条の7）。これも全部取得条項付種類株式に関する会社法171条の3とパラレルな規制である。すなわち，株式売渡請求が法令に違反する場合，対象会社による通知・公告義務または事前開示手続の違反がある場合，または対価として交付される金銭の額または割当が対象会社の財産の状況その他の事情に照らして著しく不当である場合であって，売渡株主が不利益を受けるおそれがあるときは，売渡株主は，特別支配株主に対し，株式等売渡請求に係る売渡株式等の全部の取得をやめることを請求することができる（179条の7第1項）。売渡新株予約権者にもこれに準じた要件で，差止請求をすることができる（179条の7第2項）。当然のことながら，この差止請求は，仮処分により行うことができる。差止事由については，後述(4)(iv)を参照。

　　c　無効の訴え（846条の2以下）

　さらに事後的な救済手段として，新株発行無効の訴えに準じ，株式等売渡請求についても無効の訴えが認められている。手続きは，他の組織再編の無効の訴えと同様である。すなわち，無効の主張は訴えによらなければならず（846条の2第1項），出訴期間（取得日から6か月，非公開会社では1年：846条の2第1項），出訴権者（846条の2第2項），被告（特別支配株主：846条の3），管轄裁判所（846条の4）が法定され，弁論・裁判の併合は必要的である（846条の6）。判決の効力は遡及せず（846条の8），第三者にも及ぶ（対世効：846条の7）。無効事由については，後述(4)(v)を参照。

(2)　他のキャッシュ・アウト制度に関する改正

(i)　全部取得条項付種類株式に関する改正

　全部取得条項付種類株式について，「キャッシュ・アウト」制度としての平仄を合わせるため，株式等売渡請求と横並びにするための改正がなされた。

　　a　情報開示の充実

　全部取得条項付種類株式を用いた締め出しに対しては，締め出される株主に対して提供される情報が不十分であることが指摘されていた。そこで，改

正法は，株式等売渡請求に平仄を合わせ，事前（171条の2）・事後（173条の2）における開示規制を強化した。

　　b　差止請求

　全部取得条項付種類株式を用いた締め出しに対しても，株式等売渡請求における場合と同様に（179条の7第1項），差止請求が認められた（171条の3）。すなわち，全部取得条項付種類株式の取得が法令または定款に違反する場合において，株主が不利益を受けるおそれがあるときは，株主は，株式会社に対し，当該全部取得条項付種類株式の取得をやめることを請求することができる。この請求も仮処分によりなすことができる。

　(ii)　**株式の併合に関する改正**

　全部取得条項付種類株式と同様，株式の併合についても「キャッシュ・アウト」制度としての平仄を合わせるため，株式等売渡請求と横並びにするための改正がなされた。

　　a　情報開示の充実

　事前開示手続（182条の2），事後開示手続（182条の6）に関しての規定が設けられた。内容は，全部取得条項付種類株式におけるのと同様である。

　　b　差止請求

　株式等売渡請求，全部取得条項付種類株式と同様，株式の併合についても，差止請求が認められた（182条の3）。

　　c　反対株主の株式買取請求

　株式併合においては，価格決定の申立てが用意されている株式等売渡請求，全部取得条項付種類株式と異なり，反対株主の株式買取請求権が法定されることになった（182条の4）。すなわち，株式会社が株式の併合をすることにより株式の数に1株に満たない端数が生ずる場合には，反対株主は，当該株式会社に対し，自己の有する株式のうち1株に満たない端数となるものの全部を公正な価格で買い取ることを請求することができる。

(3)　改正会社法の下におけるキャッシュ・アウトの手続き

　以上のとおり，改正会社法は，キャッシュ・アウトの手続として，①全部

取得条項付種類株式，②株式併合の外に，新たに③株式等売渡請求の制度を創設し，3者間の規定の平仄を合わせることにした（この他に④金銭を対価とする組織再編を利用する方法もありうるが，現行法におけるのと同様，あまり利用されないものと思われる）。

現時点における予測としては，基本的には，現在の非公開手続における「2段階目」の締め出しは，①でなく，③によることになっていくものと考えているが，②において，株式の数に1株に満たない端数の買取が認められたことで，②の利用も増していくことが予想される。

(4) 改正会社法の下における解釈上の問題点

改正会社法の概要は前述のとおりであり，キャッシュ・アウトにつき，現在の実務を前提として，キャッシュ・アウトの円滑な実現とキャッシュ・アウトされる株主の保護の実効を図ろうとしたものであるとまとめることができる。ただ，改正会社法の下においても，いくつか解釈論上の問題点は存在し得る。それらは大要下記のとおりである。

(i) キャッシュ・アウトの対価に関わる問題

真っ先にあげなければならないのは，キャッシュ・アウトの対価の「公正」性をどう図るかである。改正会社法の下においても，前記の裁判例に続き，新たな裁判例が続いていくわけであり，結局のところ，裁判例の集積により基準がつくり出されていくとしか答えようがない問題でもある。

(ii) 公正価値移転義務？

株式等売渡請求に当たって，対象会社の承認が株式売渡請求の要件とされているところ，立法担当者は，承認が必要とされている趣旨からすれば，対象会社の取締役（対象会社が取締役会設置会社である場合には，取締役会）は，株式売渡請求をすることについて承認をする際には，売渡株主の利益に配慮し，キャッシュ・アウトの条件が適正なものといえるかどうかを検討すべきであると説く[※1]。つとに東京高判平成25年4月17日判タ1392号226頁は，MBOにおいて，株主は，MBOに際して実現される価値を含めて適正な企業価値の分配を受けることにつき，共同の利益を有し，取締役は，善管注意

義務の一環として，MBOに際し，公正価値移転義務を負う旨を判示しているところ，学説の中には，本条（179条の3）を，会社の利益だけではなく，売渡請求の対象になる少数株主の利益を考慮する義務が取締役に課したものであり，前掲東京高判平成25年4月17日における公正価値移転義務のようなものを，いわば明文で定めたものと説く者もいる※2。もっとも，条文の構造から，直ちに，取締役に公正価値移転義務が課されているとは読めないし※3，対象会社の取締役の地位は特別支配株主の意向に完全に依存しているため，かかる義務を取締役に課しても実効性には疑問があるとの指摘もなされている※4。

※1 法務省民事局参事官室「会社法制の見直しに関する中間試案の補足説明」（平成23年12月）43頁，岩原紳作「会社法制の見直しに関する要綱案の解説〔Ⅳ〕」商事法務1978号（2012年）39頁
※2 岩原紳作ほか「座談会 改正会社法の意義と今後の課題〔下〕」（岩原発言）商事法務2042号13頁（2014年）
※3 前掲・金澤報告。なお，金澤大祐・批判・税務事例47巻6号58頁（2015年）参照。
※4 中東正文「キャッシュ・アウト」法学教室402号27頁（2014年）

(ⅲ) 「目的の不当性」が違法とされることがあるか

少数株主の締め出しそのものが，目的の不当な特別支配株主の行為として法令違反（権利濫用）になる可能性があるであろうか（これは，前述の「そもそも論」にも関わる問題である）。

これは，全部取得条項付種類株式や株式併合を用いたキャッシュ・アウトでは決議取消の問題として，株式等売渡請求を利用したキャッシュ・アウトでは，差止事由，無効事由の問題として議論される。

裁判例をみると，内紛のある会社における全部取得条項付種類株式を使った締め出しの際に，特別利害関係株主の議決権行使を理由とする決議取消を認めなかったものとして，東京地判平成22年9月6日判タ1334号117頁がある。他方，学説をみると，公開型タイプの会社と閉鎖型タイプの会社をわけ，後者における内紛に起因するものについては，目的の不当性による違法を許

容するものがある※。

> ※：前掲・江頭・160頁，281頁

(iv) 差止事由

3つのキャッシュ・アウト手続（株式等売渡請求，全部取得条項付種類株式，株式併合）において，差止請求が認められた（171条の3，179条の7第1項，182条の3）。平成26年改正においては，合併等組織再編についても一般的に差止請求が法認されたが（784条の2第1号，796条の2第1号，805条の2），そのことと平仄が合わされている。総会決議の瑕疵，通知公告の瑕疵・虚偽記載といったものであろうか。

ただ，株式等売渡請求に当たっては，株主総会決議が要求されないという点で，その差止請求は，略式組織再編における差止請求の場合と状況が類似する。株式等売渡請求の差止事由は，基本的には，略式組織再編における差止請求とパラレルに解釈されることになるものと推測される※。すなわち，対象会社において株主総会決議が行われれば，決議取消事由になるはずの事由である。

> ※：ちなみに，組織再編の差止請求に関し，会社法は，略式組織再編の場合についてのみ，従属会社の少数株主の保護として，組織再編対価の不当性を差止事由としている（784条の2第2号，796条の2第2号）。

(v) 無効事由

他の会社関係訴訟と同様に，無効事由は解釈に委ねられているが，要は取得手続の瑕疵であるから，①取得者の持株要件の不足（179条1項），②対価である金銭の違法な割当（179条の2第3項），③対象会社の取締役会・種類株主総会の決議の瑕疵（179条の3第3項，322条1項1号の2），④売渡株主等に対する通知・公告・事前開示書類の瑕疵や不実記載（179条の4，179条の5），⑤取得の差止仮処分命令への違反（179条の7）等があげられる※1。

⑥対価である金銭の不履行も著しい場合には無効原因となり得よう。⑦締め出し目的の不当についても無効原因になるとの指摘もあるが（この点につ

いては，前記(3)を参照。）※2．合併対価の不当性につき，株式買取請求権の存在を根拠に否定する判例（最判平成5年10月15日資料版商事法務116号196頁）との整合性から否定する見解もあり得よう。

※1 : 前掲・江頭・281頁
※2 : 前掲・江頭・281頁

(vi) **特別支配株主による遅滞と売渡株主による個別解除の可否**

無効の訴えがおかれていることとの関係で問題となるのが，特別支配株主による対価支払いの遅滞がある場合に，売渡株主が個別に解除をすることができるか否かである。

学説をみると，偶発的な一部の不履行によって一部の売渡株式等の取得の効力が喪失すると，完全子会社化という制度目的が達成できないとして否定する見解[※1]が有力のようだが，立案担当者は肯定する見解も成り立ちうるとしている[※2]。

※1 : 前掲・江頭・280頁
※2 : 坂本三郎編著『一問一答平成26年改正会社法』（商事法務，2014年）259頁

（松嶋　隆弘）

No.12 株式の併合により端数となる株式の買取請求

180条～

改正のポイント

- ◆株式の併合により，端数株式を保有することになる株主にその株式の経済的価値に見合った適切な対価を交付することを保障
  → 反対株主に会社に対し株式の併合により端数となる株式の買取を請求できる制度を創設（182条の4）
- ◆株式の併合にかかる株主総会決議で定めなければならない事項の追加
  → 効力発生日における発行可能株式総数（180条2項4号）
  ※ ただし株式の併合の効力発生日の発行済株式総数の4倍を超えてはならない。

I これまでの制度

1 株式の併合の意義

株式の併合とは，株式会社が発行した全部の株式または特定の種類株式について，例えば10株を合わせて1株にするように，それよりよりも少ない少数の株式とする株式会社の行為である（180条1項）。株式の併合は株式会社の資産や資本金額は変動させずに，各株主の所有株式数を一律・按分比例的に減少させるものであり，株式会社に対する経済的持分としての株式単位（1株当たりの経済的価値）の引上げとしての意義を有する。

株式の併合は，出資単位に関する株式会社の自治の尊重の観点から平成13年の商法改正により特別な目的がなくても一定の手続きを踏めば自由にできるものとなり，これを会社法も引き継いでいる。そのため，合併比率の調節のために合併の準備行為（株式割当比率を1対1になるように）等に用いられるだけではなく，株式の市場価格の引上げや株主の管理コストの削減を行うために用いることができるようになった（株式の併合の自由）。

NO.12　株式の併合により端数となる株式の買取請求

　2　端数株主の保護のための端株株式買取請求制度
　このように株式の併合が行われた場合，株主の持株数が減少することになることから，株主は株式譲渡につき不利益を受け，さらに株式をまったく失う場合もある。例えば，株式を9株保有する株主にとっては，株式会社が10株を1株にする株式の併合が行われた場合，9株から1株の10分の9の端数を有するにすぎなくなる。そのため旧会社法は株式の併合の決議を行う場合，株主総会の特別決議を要するものとされている（180条2項，309条2項4号）。
　他方，株式の併合を認める必要性や実益に鑑み，株主全員の同意は要しないものとされ，1株に満たない端数となった株式（以下「端数株式」）が生ずる場合については（株式と金銭とを選択できるわけではなく）金銭交付による処理が認められている。
　すなわち，端数株式の株主（以下「端数株主」という）に対しては，その端数の合計数（その合計数に1に満たない端数が生ずる場合にあっては，これを切り捨てる）に相当する数の株式を売却し，これによって実際得られた代金を，株主が保有する端数に応じて当該株式会社から交付されることになっている（235条，234条2項，3項）。これにより端数株主の経済的利益の保護を図っているが，旧会社法では端数株主からの端数株式の買取請求は認めていなかった。
　3　株式の併合後の発行可能株式総数
　また，株式の併合の効力が発生した場合，旧会社法では発行済株式の総数は減少する（旧法911条3項9号，915条1項）が，発行可能株式数は変動しないものと解されていた。

Ⅱ　改正の経緯

　1　株式買取請求制度の創設
　会社法は端数株主に対しては，その端数の合計数に相当する数の株式を売却し，これによって実際得られた代金を，株主が保有する端数に応じて当該株式会社から交付する処理が認められている。しかし株式の併合に際して売

却される端数が多く生ずる場合，当該株式の市場価格が下落する場合や当該株式の売却先の確保が困難となる場合があり得るため，その株式の経済的価値に見合う適切な価格で売却することができず，端数株主に適切な対価が交付されないおそれがある。

そこで株式の併合に際して，端数の処理において端数株主の利益が不当に害されないように，改正会社法では端数となる株式の買取を株式会社に対し請求できる制度を創設した。

2　発行可能株式総数の規律に関する見直し

(1)　改正の必要性

また，株式の併合の効力が発生した場合，旧会社法では発行済株式の総数は減少するが，発行可能株式数は変動しないものとされている。その結果，例えば10株を1株にする株式の併合を行った場合，発行可能株式総数ギリギリに発行していた場合でも発行済株式の総数は10分の1になり，株式会社においては取締役会の決議で発行できる株式は発行済株式の9倍を超えることになる。それでは既存株主の持株比率の低下の限界を画するという発行可能株式総数の制度趣旨が達せられず，公開会社が発行可能株式総数を増加させるための定款変更を行う場合について発行済株式総数の4倍に制限した会社法113条3項の趣旨と一貫しない。

現に，極端の比率で株式の併合を行った後に第3者割当を行う等，株式会社にとって不適正な既存の株主の締め出しに利用される事例も生じているとの指摘もなされている（『会社法部30年の歩み』（東京弁護士会会社法部，2013）169頁）。

(2)　改正後の規律

そこで，既存株主の持株比率の低下の限界を画する発行可能株式総数の制度趣旨を実効あらしめるため，株式の併合に際して改めて株主総会決議で，株式の併合の効力が発生した日の発行可能株式総数を定めることを規定した上で，公開会社の場合は当該発行可能株式総数を発行済株式の総数の4倍を超えて定めることはできないことを新たに規定することになった。

（180条～）

NO.12　株式の併合により端数となる株式の買取請求

Ⅲ　改正の詳細

1　株式の併合により端数となる株式の買取制度

(1) 概要

(ⅰ)　**制度の概要と目的**

　株式の併合によって生ずる1株未満の端数については，改正会社法では，株主にその株式の経済的価値に見合った適切な対価を交付するために，株式の併合により1株に満たない数が生ずる場合，自己の有する株式のうち1株に満たない端数となるものは，公正な価格で買い取ることを請求できる（182条の4）。

　会社法では，株式の併合によって生ずる1株未満の端数については，端数の合計数に相当する数の株式を売却し，これによって得られた代金を端数に応じて株主に交付される（235条，234条2項乃至5項）ことになっている。しかし，多くの端数が生ずる場合には，市場価格の下落や売却先の確保が困難になること等により，適切な対価が交付されないおそれがある。そこで改正会社法は不利益を受ける株主に適切な対価が交付されることを確保するため，株式の併合に反対した株主による買取請求を認めたのである。

(ⅱ)　**定款で単元株式数を定めている株式会社**

　なお，定款で単元株式数を定めている株式会社による株式の併合の場合，当該単元株式数に併合の割合を乗じた数が1に満たない端数が生ずるものに限り，株式買取請求が認められる。

　すなわち，①単元株式数に併合の割合を乗じた数が1未満となる場合（例えば単元株式数が5株で，10株を1株とする株式の併合が行われた場合）のほか，②その数が1を超えるが整数とならない場合（例えば単元株式が5株で，3株を1株とする株式の併合が行われた場合）は株式を買い取ることを請求することは認められる。しかし，③株式の併合により端数となるのが単元未満株式に限られる場合（例えば単元株式数が10株で，5株を1株とする併合が行われた場合）には株主への影響は少ないことから，端数株式が生じても株式を買い

取ることを請求することは認められない。
(2) 買取請求の対象となる株式の範囲
(i) 端数となる株主の保護
　買取請求の対象は，端数株主が有する株式のうち，端数株式となる部分に限定される（182条の4第1項）。例えば，株式会社が10株を1株とする株式の併合を行う場合，株式を108株保有する株主は，10.8株となり株式の併合により10株と0.8株の端数が発生するが，当該株主は株式会社に対しては端数株式である0.8株についてのみ公正な価格で買い取ることを請求できる。
　株式の併合における株式買取請求は，端数となる株主の保護を目的とするものであるから，株式の併合により端数となる株式についてのみ認めることにしたのである。
(ii) 一括買取請求の義務
　また自己の有する株式のうち，端数となるものの全部につき一括して買取請求をしなければならず，そのうち一部のみ買取請求はできない（182条の4第1項）。例えば，株式の併合により0.8株の端数を保有することになった株主が株式会社に対して端数株式の買取請求を行う場合，0.8株全部を一括して買取請求の対象としなければならず，0.3株は保有し，0.5株だけ買取請求することは認められない。
　これは株主が有する端数となる株式の一部についてのみ買取請求されると，端数処理の手続き（235条）が無用に複雑化するおそれがあるからである。
(3) 買取を請求できる株主（反対株主の意義）
　端数となる株式の買取を請求できるのは「反対株主」に限られる（182条の4第1項）。
　「反対株主」（182条の4第2項）といえるためには，次の①②いずれかに該当することが必要である。
　　① 株式の併合を決議する株主総会に先立って当該株式の併合に反対する旨を当該株式会社に通知し，かつ，当該株主総会で当該株式の併合に反対した株主

② 当該株主総会において議決権を行使することができない株主

このように「反対株主」に限定したのは，あえて反対しなかった株主を特に保護する必要はないこと，反対しなかった株主にまで買取請求を認めると株式会社に予期しない過剰な資金負担を課すおそれがあること，また後述のとおり自己株式の取得財源に関する規制（461条1項）が適用されないことから，債権者保護の観点からも望ましくないことによる。

(4) 自己株式の取得財源の規制の不適用

株式会社が端数株主による買取請求に応じて自己株式を取得した場合には，端数株主の保護という観点から，自己株式の取得財源に関する規制（461条1項）は適用されない。しかし自己株式の取得と引き換えに支払った金銭の額が，「当該支払日における分配可能額を超えるとき」は，当該職務を行った業務執行者は，注意を怠らなかったことを証明した場合を除き，株式会社に対し，分配可能額を超えて株主に支払った額を連帯して支払う責任を負うことになる（464条1項）。

このため，業務執行者は，株式会社の財産状態が悪い時期に行う場合は，株式の併合を行う必要性が本当にあるのか，また株式の併合により反対株主による株式買取請求に応じて取得され得る自己株式の数がどの位あるのかなどを十分注意して，株式の併合を行う必要がある。

(5) 株式買取請求の手続

(i) 株主に対する通知

株式買取請求制度の適用の対象となる株式の併合をしようとする株式会社では，株式の併合の効力発生日の20日前（買取制度の適用対象とならない株式併合の場合（例えば，すなわち単元未満株式以外からは端株が発生しない場合）は2週間前）までに，株主に対して併合の割合・効力発生日・効力発生日における発行可能株式総数を通知，または公告する必要がある（182条の4第3項）。

これは，株式買取請求制度の適用がある株式の併合の場合，株式の併合に関する開示を強化し，株主に対して買取請求権を行使する機会を十分に与える趣旨にもとづく。

(ii) 株主の買取請求

　株式会社に対して買取を請求する反対株主は，株式の併合の効力発生日の20日前から効力発生日の前日までの間にその株式買取請求にかかる株式の数（種類株式発行株式会社にあっては，株式の種類及び種類ごとの数）を明らかにしなければならない（182条の4第4項）。これは請求を受けた株式会社が買い取りの対象となる端数株式を把握するためである。

　なお，株券が発行されている株式については原則として株主は株式会社に対し当該株式の株券を提出しなければならない（182条の4第5項）。

(iii) 株主の株式買取請求の撤回

　株式会社に対し株式の買取請求をした株主は，株式会社の承諾を得た場合に限り，株式買取請求を撤回できる（192条の4第6項）。すなわち一旦，株式会社に対し買取請求権を行使した者は株式会社の承諾がない限り，原則として撤回できない。

　これは一旦株式の買取請求をしておきながら効力発生前であれば自由に撤回できることになると，株主が請求や請求の撤回を繰り返すといった買取請求権の濫用的な権利行使が行われるおそれがあるからである。

　なお，株主と株式会社との間で株式の買取価格について協議が調わないにもかかわらず，株式の併合の効力発生日から60日以内に後述の価格決定の申立がない場合は，その期間満了後は，株主は株式会社の承諾がなくても，株式の買取請求を撤回することができる（182条の5第3項）。

(iv) 株式会社による株式の代金の支払い

　株主から株式の買取請求があった場合において，株式の価格決定について株主と株式会社との間で協議が調ったときは，株式会社は，効力発生日から60日以内にその支払をしなければならない（182条の5第1項）。

　これは支払期限を定めることによって反対株主に対する支払いを間接的に強制し，早期に株式会社と株主との法律関係を確定させる趣旨にもとづく。

(vii) 株券が発行されている株式に対する代金の支払い

　当該株式につき株券が発行されている場合は，株式会社による代金の支払

いは株券と引き換えでなければならない（182条の5第7項）。

　旧株券は株式の併合の効力発生日に株券としての効力を喪失しているが，これが流通することにより無用な混乱が生ずることを未然に防止するべきだからである。

(6) 株式の価格の決定の申立て及び支払い

(i) 株式の価格の決定の申立て

　株式の価格の決定について，効力発生日から30日以内に協議が調わないときは，株主または株式会社は，その期間の満了の日後30日以内に，裁判所に対し，価格の決定の申立てをすることができる（182条の5第2項）。

　これは，裁判所の判断を経ることによって株式会社による公正な価格での買取りを担保し，反対株主が保有する端数株式の公正な価格の買取を実現させる趣旨である。

(ii) 利益支払い義務

　株式の併合の効力発生日から60日以内に株式会社が株主に支払いをなさなかった場合は，株式会社は株主に対し裁判所の決定した価格に対する満了日後の年6分の利率により算定した利息を支払わなければならない（182条の5第4項）。

　その場合，裁判所の株式価格の決定が効力発生日から60日を過ぎて下された場合にも負担しなければならない。したがって，裁判所の決定が効力発生日から60日が過ぎる可能性がある場合は(iii)の手続きをとることが無難である。

(iii)
　このように効力発生日から60日が過ぎると裁判所の決定した価格に年6分の利息を付するのは株式会社に対し重い負担になることから，株式会社は，裁判所による株式の価格の決定があるまでは，株主に対し，当該株式会社が公正な価格と認める額を支払うことができる（182条の5第5項）。

(7) 効力発生時期

　株式の買取請求にかかる株式の買い取りは，株式の併合の効力発生日にその効力を生じる（182条の5第6項）。

2　事前開示手続及び事後開示手続の新設

　株式の併合（単元未満株式以外からは1株未満の端数が生じない場合を除く）が行われる場合，多くの端数が生じ，多数の株主が株主の地位を失う可能性がある等，組織再編の場合と同様に，株主の権利に大きな影響を及ぼすこととなる。そこで改正会社法は，株式買取請求制度の適用対象となる株式の併合が行われる場合，組織再編に関する規定と同様に，事前開示手続（182条の2）及び事後開示手続（182条の6）を設けた。

(1)　**事前開示手続**

　次の①②いずれか早い日から，株式の併合の効力発生後6か月を経過するまでの間，当該株主総会において決議すべき事項（併合の割合，効力発生日，種類株式発行株式会社の場合は併合する株式の種類，効力発生日における発行可能株式総数，180条2項各号）及びその他法務省令で定める事項（会施規33条の9）を記載しまたは記録した書面及び電磁的記録を本店に備えなければならない（182条の2第1項）。

①　（株式の併合を決議する）株主総会もしくは種類株主総会の日の2週間前の日

②　株主に対する通知もしくは公告日（株式の併合の効力発生日の20日前までに行う必要がある。182条の4第3項による181条1項の読替え）

　また，株式の併合を行う株式会社の株主（種類株式発行株式会社においては，併合される種類の株式に係る種類株主）は，当該株式会社に対して，営業時間内であれば事前開示に係る書類等の閲覧，謄本または抄本の交付（謄写費用は株主負担）等を請求できる（182条の2第2項）。

(2)　**事後開示手続**

　株式の併合をした株式会社は，効力発生日後遅滞なく，株式の併合の効力が生じた時における発行済株式（種類株式発行株式会社の場合は，併合する種類株式の発行済株式）の総数その他の株式の併合に関する事項として法務省令で定める事項（会施規33条の10）を記載した書面または電磁的記録を作成し（182条の6第1項），効力発生日から6か月間，本店に備え置かなければならない

（182条の6第2項）。

　また，株式の併合をした株式会社の株主または効力発生日に当該株式会社の株主であった者（種類株式発行会社においては，併合される種類の株式における種類株主または効力発生日に種類株主であった者）は，当該株式会社に対して，営業時間内であれば事後開示に係る書類等の閲覧，謄本または抄本の交付（謄写費用は株主負担）等を請求できる（182条の6第3項）。

　3　株式の併合の差止め

　株式の併合（単元未満株式以外からは端株が生じない場合を除く）が株主総会の瑕疵や株主への通知，公告の瑕疵，虚偽記載等，法令，定款に違反する場合において，株主は，株式会社に対し当該株式の併合の差止めを請求できる（182条の3）。

　そのため，株式単位を巨大にする株式の併合によって少数株主を締め出す結果となる株式の併合が行われた場合，特別利害関係株主（多数派）の議決権行使による著しく不当な決議（831条1項3号参照）に該当し，差止め対象となる可能性もあるので株式併合の決定は慎重に行う必要がある。

　4　発行可能株式総数の規律

　既存株主の持株比率の低下の限界を画する発行可能株式総数の制度趣旨を実行あらしめるため，株式の併合に際して株主総会決議により定めるべき事項に「株式の併合の効力発生日の発行可能株式総数」（180条2項4号）を追加した上で，公開株式会社の場合は当該発行可能株式総数について発行済株式総数の4倍を超えることはできないものとされた（180条3項）。なお，この場合，定款変更の手続を要することなく発行可能株式総数を定める株主総会の決議に従って当然定款変更したものとみなされる（182条2項）ことから，公開会社は別途定款変更することなく4倍規制が及ぶ。

Ⅳ　実務への影響

　株式の併合による端数株式が発生する場合，すなわち株式会社が反対株主による株式買取請求が認められる株式の併合を行う場合は，事前開示手続を

遅くとも，株式の併合を決議する株主総会もしくは種類株主総会の日の2週間までに行わなければならない。そのため株式の併合を議題とする株主総会を開催する場合，この制度を前提にスケジュールを組む必要がある。

　また，反対株主による株式買取請求については，自己株式の取得にかかる財源の規制は適用されないが，自己株式の取得と引き換えに支払った金銭の額が，「当該支払日における分配可能額を超えるとき」は，当該職務を行った業務執行者は，注意を怠らなかったことを証明した場合を除き，株式会社に対し，分配可能額を超えて株主に支払った額を連帯して支払う責任を負うことになることから，この点慎重に対応する必要がある。

V　経過措置

　改正会社法の施行日前に，株式の併合のための決議をするための株主総会の招集手続が開始された場合は，改正前の規律が適用される（附則11条）。

　従って改正法の施行前に株式の併合を決議する株主総会の招集手続が開始された場合は，事前開示手続，事後開示手続は不要であり，また反対株主による株式買取請求権の行使はできない。

　これは，改正前の規律を前提に開始された株式の併合の手続に改正会社法が適用されると，事前開示手続や反対株主に対する買取請求等が必要となり，既に開始した一連の手続をやり直さなければならなくなる場合がある等，当該株式会社に無用の混乱やコストを生じさせることになるからである。

（木屋　善範）

第 4 編　機関に関する改正

NO.13 社外取締役の要件
2条

改正のポイント

◆社外性要件の追加＝現在要件として次の３つが追加
　① 現時点で，親会社等の関係者でないこと
　② 現時点で，兄弟会社の業務執行取締役等でないこと
　③ 現時点で，当社関係者の近親者でないこと
◆社外性要件の緩和＝過去要件の対象期間が次のとおり限定
　① 社外取締役就任前10年間，当社・子会社の業務執行取締役等でなかったこと
　　※ 上記の者であっても，社外取締役就任前10年内のいずれかの時に当社・子会社の非業務執行役員であったことがある者の場合　→当該非業務執行役員就任前10年間，当社・子会社の業務執行取締役等でなかったこと

I これまでの制度

これまでの社外取締役の社外性要件（以下では，単に「社外取締役の要件」という）は，次のとおりであった（旧法２条15号）。

① 現在要件：現時点で，当社・子会社の業務執行取締役等でないこと
② 過去要件：過去に，当社・子会社の業務執行取締役等でなかったこと

今回の改正で，①の現在要件に３つの追加があり（親会社等の関係者でないこと，兄弟会社の業務執行取締役等でないこと，当社関係者の近親者でないこと），他方で，②の過去要件は緩和された（10年間という対象期間の限定）。

II 改正の経緯

これまでの社外取締役の要件については，社外取締役の経営に対する監督

機能の実効性を高めるという観点から十分といえず，経営者と利害関係を有しない「独立性」が必要であるとの指摘がなされていた。

そこで，法制審議会会社法制部会においては，社外取締役に期待される主な機能について，①助言機能，②経営全般の監督機能，③利益相反の監督機能の3つに整理した上で，経営の監督に関する②③の実効性を確保する観点から，社外取締役の要件の見直しについて議論を行い（法制審議会会社法制部会第4回会議議事録28以下等），本改正に至っている。この結果，社外取締役の要件は，経営者からの独立性が強まったと言える一方で，人材確保の要請等にも配慮し，一部の要件（過去要件）は緩和されている。また，要件の見直しにより社外取締役の要件を満たさないこととなる者は，責任限定契約等の規律の適用を受けないこととなってしまうが，見直しの後もこれまでと同様にこれらの規律が適用されるよう配慮し，取締役の責任の一部免除について，併せて見直しが図られている（責任の一部免除の詳細は，161頁以下参照）。

なお，中間試案の段階では，社外取締役の要件に「会社の重要な取引先の関係者でないこと」を追加すべきかについて，「なお検討する」とされていた（中間試案・第1部第1・3(1)A案（注2））。しかし，最終的には，追加は断念されている。要因として，「重要性」に関する客観的な形式的基準を会社法上設定することは困難であったこと等が指摘されている（岩原紳作「「会社法制の見直しに関する要綱案」の解説〔Ⅰ〕」商事法務1975号14頁）。ただ，社外取締役の独立性を評価する場合，重要な（あるいは，主要な）取引先の関係者であるかどうかは，考慮される要素の一つであることに間違いはない（例えば，東京証券取引所の上場管理等に関するガイドライン（平成26年3月24日最終改正）Ⅲ5．(3)の2ｂ）。近時においては，「社外取締役候補者については，その独立性が厳しく吟味される傾向にあることから，かえって，社内取締役候補者よりも，賛成の議決権行使の割合が低くなることが珍しくない」との指摘もなされている（太田洋＝森本大介「社外取締役の選任に関する最新動向と留意点―日本取締役協会「独立取締役選任基準モデル」の改訂を踏まえて―」

商事法務2027号14頁)。したがって，改正会社法の要件いかんにかかわらず，会社が社外取締役の候補者を選ぶ場合，重要な取引先の関係者であるかどうかはなお考慮を要すべき事項である。

Ⅲ 改正の詳細

　社外取締役の要件については，改正会社法2条15号が定めている。すなわち，同号によると，株式会社の取締役であって，次の①～⑤に掲げる要件のいずれにも該当するものが社外取締役である。

---
① 当社・子会社の業務執行取締役等でないこと（現在要件）（2条15号イ）
② 就任前10年間，当社・子会社の業務執行取締役等でなかったこと（過去要件）（2条15号イ）
　※ 上記の者であっても，社外取締役就任前10年内のいずれかの時に当社・子会社の非業務執行役員であったことがある者の場合　→当該非業務執行役員就任前10年間，当社・子会社の業務執行者でなかったこと（過去要件）（2条15号ロ）
③ 親会社等の関係者でないこと（現在要件）（2条15号ハ）
④ 兄弟会社の業務執行取締役等でないこと（現在要件）（2条15号ニ）
⑤ 当社関係者の近親者でないこと（現在要件）（2条15号ホ）

　　※　社外取締役の要件の改正に伴い，会社法施行規則における次の①②の定義が影響を受けているほか，社外取締役候補者に関する株主総会参考書類の記載事項が見直されている（会施規74条4項6号）。
　　　① 社外役員（会施規2条3項5号）
　　　② 社外取締役候補者（会施規2条3項7号）

　以下，各要件について詳述する。

(1) 当社・子会社の業務執行取締役等でないこと，就任前10年間当社・子会社の業務執行取締役等でなかったこと（2条15号イ）

(ⅰ) 当社・子会社の業務執行取締役等でないこと（現在要件）

　社外取締役は，現時点で，当該株式会社またはその子会社の業務執行取締役・執行役・支配人・その他の使用人であってはならない。従来からの要件で，平成26年改正後もこれまでどおり求められる。

なお，業務執行取締役※・執行役・支配人・その他の使用人について，新たに「業務執行取締役等」と定義することとなった（2条15号イ第2括弧書）。

> ※ 業務執行取締役は，①改正会社法363条1項各号に挙げる取締役，及び，②当該株式会社の業務を執行したその他の取締役をいうとされている（2条15号イ第1括弧書）。これは従来どおりの定義である。

(ii) 就任前10年間当社・子会社の業務執行取締役等でなかったこと（過去要件）

　　a　意義

社外取締役は，その就任の前10年間，当該株式会社またはその子会社の業務執行取締役等（業務執行取締役・執行役・支配人・その他の使用人）でなかったことが求められる。

　　b　「就任の前10年間」という限定を設けた理由

旧会社法においては，「就任の前10年間」という限定はなく，「過去に」当社・子会社の業務執行取締役等でなかったことが求められていた（旧法2条15号）。したがって，過去に一度でも当社・子会社の使用人になるなどした者は，当社の社外取締役となることができなかった。理由として，過去に同人が当社・子会社の業務執行を行っていた影響が当社・子会社に残存しており，それが社外取締役に期待される役割※を妨げること等が挙げられていた（江頭憲治郎『会社法コンメンタール1』41頁（商事法務，2008年））。

> ※ 社外取締役は，もっぱら経営者（業務執行取締役・執行役等，常勤で会社の業務執行を行う者）の職務の執行を監督する役割が期待されている（前掲・江頭・40頁）。なお，法制審議会会社法制部会においては，社外取締役に期待される主な役割（機能）について，①助言機能，②経営全般の監督機能，③利益相反の監督機能の3つに整理した上で，経営の監督に関する②③の実効性を確保する観点から，社外取締役の要件の見直しについて議論を行っている（法制審議会会社法制部会第4回会議議事録28以下）。

これに対して，改正会社法は，過去に当社・子会社の業務執行を行っていた，すなわち，業務執行者の指揮命令系統に属したことがあっても，その後

NO.13　社外取締役の要件

当社・子会社との関係が一定期間存在しなければ、業務執行者との関係が希薄になり、社外取締役の機能を実効的に果たすことを期待できるとして（坂本三郎「平成26年改正会社法の解説〔Ⅲ〕」商事法務2043号8頁），過去要件に「就任の前10年間」という限定を設けている（過去要件の緩和）。

ただ，過去に業務執行を行っていた影響が残存しているか，あるいは希薄になったかという議論は，必ずしも決定的な議論ではないようにも思われる。改正法が過去要件に限定を設けたもう一つの理由として，社外取締役の現在要件を厳格化したこと（本稿Ⅲ3～5）にともない，社外取締役の人材確保の必要性に配慮したことが挙げられている（前掲・坂本・8頁）。

　　c　重任

「就任の前10年間」について，取締役に重任（再任）している場合は，任期が更新されるごとに「就任」しているものととらえて，当該要件の充足性を判断することになるとの説明がなされている。

例えば，何度か重任している取締役の場合，今回の重任に当たって当該要件の充足性を判断する際には，あくまで今回の重任に係る「就任」を基準として，その前10年間について充足性を判断すると説明されている（以上につき，前掲・坂本・9頁）。

(2) 当社・子会社の非業務執行役員であったことがある者の過去要件（2条15号ロ）

(i) 意義

社外取締役は，前記1(2)の過去要件（就任前10年間，当社・子会社の業務執行取締役等でなかったこと）を満たしても，その就任前10年内のいずれかの時において，当該株式会社またはその子会社の取締役[※1]・会計参与・監査役であったことがあれば，さらに，次の要件を満たすことが求められる。すなわち，当該取締役[※1]・会計参与・監査役への就任の前10年間，当該株式会社またはその子会社の業務執行取締役等でなかったことが求められる[※2]。

※1　ここでいう「取締役」には，業務執行取締役は含まれない。就任前10年内のいずれかの時に業務執行取締役であった者は，前記1(2)の

過去要件（就任前10年間，当社・子会社の業務執行取締役等でなかったこと）をそもそも満たさないからである。

※2 具体的に，社外取締役就任の前10年内に当社の監査役を1期務めた者を例に，下記の図を用いて説明する。すなわち，社外取締役就任（④）の前10年内のいずれかの時（③）に当社の監査役であった者は，当該監査役への就任（②）の前10年間（①と②の間），当社・子会社の業務執行取締役等でなかったことが求められる。

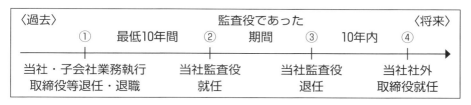

(ii) 理由

本要件が設けられた理由は，過去に当社・子会社の業務執行取締役等であった者が，退任後10年が経たない間に当社・子会社の監査役等となってその後社外取締役に就任したのでは，たとえ前記1(2)の過去要件（就任前10年間，当社・子会社の業務執行取締役等でなかったこと）を満たしていたとしても，社外取締役の機能を十分に果たすことができない，すなわち，「業務執行者からの影響が希薄化したということはできない」と考えられることによる（前掲・坂本解説・8～9頁）※。

※ このほか，理由として，社外監査役の要件を見直した平成13年法149号による改正の趣旨が挙げられている。すなわち，同改正前は，社外監査役の要件について，「就任前5年間，当該会社・子会社の取締役・支配人・その他の使用人でなかった者」としていたため（旧商法特例法18条1項），取締役退任後に監査役に就任し，5年以上経過した後に社外監査役に就任するケースが多くみられた（いわゆる横滑り社外監査役）。このため，上記改正は，「就任前5年間」という期間の限定を撤廃しており，こうした経緯も踏まえれば，同様の事態が生ずることを認めない必要があるというものである（第21回議事録29頁以下）。

(ⅲ) 重任

「当該取締役・会計参与・監査役への就任の前10年間」について，取締役・会計参与・監査役に重任（再任）している場合には，任期が更新されるごとに「就任」しているものととらえて，要件の充足性を判断することとなるとの説明がなされている。

例えば，就任（前頁の図の④）の12年前まで当社の監査役であった者が，もう1期監査役を重任して任期満了で退任していた場合，就任の前10年内のいずれかの時において当社の監査役であったこととなる（就任の8年前まで監査役であった）。そして，この場合，任期が更新された12年前から22年前までの間，当社・子会社の業務執行取締役等でなかったことが求められる。

(3) 親会社等の関係者でないこと（現在要件）（2条15号ハ）

(ⅰ) 意義

社外取締役は，現時点で，次の①②であってはならない。

① 当社の自然人である親会社等（当社の経営を支配している自然人）
② 当社の親会社等の取締役・執行役・支配人・その他の使用人

この現在要件は，改正法によって新たに追加されたものである。

①は，「親会社等」が自然人である場合（2条4号の2ロ，会施規3条の2第2項以下）の規定で，すなわち，当社の経営を支配している自然人は，当社の社外取締役になれないことを定めている。

②は，「親会社等」が法人である場合（2条4号の2イ）の規定で，その取締役・執行役・支配人・その他の使用人は，当社の社外取締役になれないことを定めている。ここでは，親会社等の「取締役・執行役・支配人・その他の使用人」を列挙しており，親会社等の「会計参与・監査役」は掲げていない。これは，親会社等の会計参与・監査役は，そもそも同時に子会社の取締役となることができないことによる（333条3項1号，335条2項）。

なお，上記①②はあくまで現在要件であり，過去に親会社等の関係者であったことは，社外取締役となることの妨げとならない。

(ii) **社外取締役の実情**

旧会社法の下においては，親会社を有する会社の社外取締役は，親会社出身者であるケースが目立っていた。例えば，平成26年において，親会社を有する東証上場会社の社外取締役のうち，親会社出身の社外取締役は49.5％であったことが明らかにされている（「東証上場会社　コーポレート・ガバナンス白書2015」（東京証券取引所）35頁）。

改正法によって，親会社等の関係者は社外取締役になれないこととなったため，親会社出身者（現任の親会社関係者である者に限る）を社外取締役として迎えていた会社は，見直しを迫られることとなる。

(iii) **議論の経緯**

「親会社等の関係者でないこと」を社外取締役の要件に追加することの是非については，法制審議会会社法制部会において大きく議論が分かれた。

当該要件の追加に反対する意見は，親会社等の関係者は子会社の企業価値向上のインセンティブを共有していることや，人材をできるだけ広く確保する必要性等を主張していた（例えば，法制審議会会社法制部会第9回会議議事録39頁で紹介されている八丁地意見書）。

しかし，中間試案のパブリック・コメントにおいて，親会社等の関係者には，親子会社間の利益相反についての実効的な監督を期待することはできないこと等を理由に，当該要件の追加に賛成する意見が多数となった（坂本三郎他「「会社法制の見直しに関する中間試案」に対する各界意見の分析〔上〕」商事法務1963号13頁以下）。このため，こうした多数意見も踏まえて，最終的に社外取締役の要件として，本要件（親会社等の関係者でないこと）が追加されるに至っている。

(iv) **親会社等の取締役**

本要件の定める「親会社等の取締役」には，業務執行取締役も，そうでない取締役も，双方含まれる。

この点について，株式会社とその親会社等との間の利益相反を監督するという社外取締役に期待される役割（本稿Ⅲ1(2)の※参照）からすると，親会

社等の取締役である以上，当社（子会社）の業務執行者が当社の利益を犠牲にしてその親会社等の利益を図る行為についての実効的な監督を期待することは困難であるとの説明がなされている（前掲・坂本・5頁）。

今後は，親子会社間で社外取締役を兼任することは許されないこととなる。

(4) 兄弟会社の業務執行取締役等でないこと（現在要件）（2条15号ニ）

(i) 意義

社外取締役は，現時点で，当社と親会社等を共通にする兄弟会社の業務執行取締役等（業務執行取締役・執行役・支配人・その他の使用人）であってはならない。

この現在要件は，改正法によって新たに追加されたものである。あくまで現在要件であり，過去に兄弟会社の業務執行取締役等であったことは，社外取締役となることの妨げとならない。

(ii) 議論の経緯

本要件を設けることについては，中間試案の段階では，兄弟会社といってもその関係は様々で，一律に取り扱うのが相当かどうかをさらに検討する必要があるとされていた（中間試案・第1部第1・3(1)A案（注1））。

しかし，中間試案のパブリック・コメントにおいて，兄弟会社の関係者は，親会社からの独立性が疑われる以上，親会社の関係者と同様に取り扱うべきである（社外取締役から除くべきである）とする意見が多かったことから，本要件が設けられるに至っている（前掲・岩原・13頁）。

(iii) 業務執行取締役等に限定していること

条文上明らかなとおり，本要件では，兄弟会社の「業務執行取締役等（業務執行取締役・執行役・支配人・その他の使用人）」でないことが求められている。すなわち，会社法2条15号ハの場合と異なり，兄弟会社の「業務執行取締役等でない取締役」は，社外取締役となることができる。

この点については，兄弟会社の取締役に対する親会社等の影響力は，親会

社等自身の取締役と異なり間接的なものにとどまるとして，業務執行取締役等でない取締役（親会社等の指揮命令を受ける立場にない取締役）まで当該株式会社の社外取締役となることができないとする必要はないためとの説明がなされている（前掲・坂本・6頁）。

以上と同様の理由から，兄弟会社の「会計参与・監査役」でないことも，当該株式会社の社外取締役となることができる。

(5) 当社関係者の近親者でないこと（現在要件）（2条15号ホ）

(i) 意義

社外取締役は，現時点で，次の①②であってはならない。

① 「当社の取締役・執行役・支配人・その他の重要な使用人」の配偶者・2親等内の親族
② 「当社の経営を支配している自然人」の配偶者・2親等内の親族

この現在要件は，改正法によって新たに追加されたものである。あくまで現在要件であり，過去に当社関係者の近親者であったことは，社外取締役となることの妨げとならない。

(ii) 議論の経緯

この要件の追加については，法制審議会会社法制部会において基本的に異論がなかった（前掲・岩原・13頁）。

ただ，社外性を否定される近親者の範囲について，当初の中間試案のたたき台（会社法制部会資料14）では「配偶者又は3親等内の血族若しくは姻族」とされていたものが，広範にわたり過ぎる旨の指摘（法制審議会会社法制部会第13回会議議事録22〜3頁〔杉村発言〕）を受けて，中間試案の段階で「配偶者又は2親等内の血族若しくは姻族」とされた経緯がある※。

また，中間試案に対するパブリック・コメントを経た後，「使用人」の近親者について社外性を否定するのではなく，使用人の中でも「重要な使用人」の近親者に限って社外性を否定することと改められている。

※ 東京証券取引所において，原則として独立役員の要件を満たさないこととされる当該会社等の業務執行者の近親者（上場管理等に関す

るガイドライン（平成26年3月24日最終改正）Ⅲ5．(3)の2e(b)）が，二親等内の親族をいうこととされていること（同ガイドラインⅠ3．，有価証券上場規程施行規則）等が考慮されている。

(ⅲ) 理由

本要件が追加された理由として，当社関係者の近親者は，当社関係者と経済的利益を同一にするものであり，当社関係者が当社の利益を犠牲にして自己またはその近親者の利益を図ることを実効的に監督することは期待し難いという点が挙げられている（前掲・坂本・6頁）。

(ⅳ) 「取締役」について

本要件では，「当社の取締役」の近親者について社外性を否定するとしており，業務執行取締役であるかどうかで区別をしていない。

この点については，社外取締役が監督すべき取締役は，業務執行取締役に限定されるわけではないこと等が指摘されている（前掲・坂本・6頁）。

(ⅴ) 「重要な使用人」について

本要件では，「当社の使用人」の近親者についてではなく，「当社の重要な使用人」の近親者について社外性を否定することとしている。

これは，社外取締役は，会社の使用人を直接監督することが期待されているわけではないことから，すべての使用人についてその近親者が社外取締役となれないとする必要がないためと説明されている（前掲・坂本・6～7頁）。

ここでいう「重要な使用人」とは，取締役や執行役等の経営者にきわめて近い地位にある者（経営者に準じるような者）を指し，これは会社法362条4項3号の「重要な使用人」よりも限定された者であるとされている。具体的には，執行役員のような者はこれに含まれるが，有力な支店の支店長等は当然には含まれるわけではないと考えられるとされている（以上につき，前掲・岩原・13～14頁）。

ただ，部会では，「重要な使用人」について，一義的に明確ではなく，法的に不安定になるおそれがあるなどの指摘もなされていた（第21回議事録25頁以下）。

Ⅳ　経過措置

　改正法の施行によって，社外取締役の要件は改まることとなるが，施行の際現に社外取締役を置く株式会社の社外取締役については，経過措置が設けられている。すなわち，施行の際現に社外取締役を置く株式会社の社外取締役については，施行後最初に終了する事業年度に関する定時株主総会の終結の時までは，なお従前の例によるとされている（附則4条）。

　改正会社法の施行は平成27年5月1日であるから，3月期決算の会社にとって，改正会社法の「施行後最初に終了する事業年度」とは，平成27年4月〜平成28年3月までの事業年度であることとなる。したがって，「平成27年4月〜平成28年3月までの事業年度に関する定時株主総会」は，平成28年6月に開催される定時株主総会であることとなり，施行の際現に社外取締役を置く3月期決算の会社は，この定時株主総会の終結の時までに，改正後の要件を満たす社外取締役を選任すれば足りることとなる。

（植松　勉）

No.14 社外監査役の要件
2条

> **改正のポイント**
>
> ◆社外性要件の追加＝現在要件として次の3つが追加
> ① 現時点で，親会社等の関係者でないこと
> ② 現時点で，兄弟会社の業務執行取締役等でないこと
> ③ 現時点で，当社関係者の近親者でないこと
> ◆社外性要件の緩和＝過去要件の対象期間が次のとおり限定
> ① 社外監査役就任前10年間，当社・子会社の関係者でなかったこと
>   ※ 上記の者であっても，社外監査役就任前10年内のいずれかの時に当社・子会社の監査役であったことがある者の場合 →当該監査役就任前10年間，当社・子会社の関係者でなかったこと

I これまでの制度

これまでの社外監査役の社外性要件（以下では，単に「社外監査役の要件」という）は，次のとおりであった（旧法2条16号）。

> 過去要件：過去に，当社・子会社の関係者でなかったこと

今回の改正で，過去要件のほかに現在要件3つが追加され（親会社等の関係者でないこと，兄弟会社の業務執行取締役等でないこと，当社関係者の近親者でないこと），他方で，過去要件は緩和された（10年間という対象期間の限定）※。

 ※ 旧会社法の社外取締役の要件には，「現在要件（現時点で，当社・子会社の業務執行者でないこと）」が規定されていたが（旧法2条15号），社外監査役の要件には，「現在要件」が規定されていなかっ

た（旧法16号）。これは，監査役の場合，社外か否かにかかわらず，そもそも当社・子会社の関係者の地位を兼ねることができないとされていることによる（335条2項）（後記Ⅲも参照）。

Ⅱ 改正の経緯

法制審議会会社法制部会では，取締役と監査役とではその権限等に相違はあるが，社外取締役の要件を見直すこととする場合には，社外監査役の要件についても同様の見直しをすべきであるとの指摘がされていたとのことである（補足説明12頁）。社外監査役の制度は，業務執行担当者の影響を受けず客観的な意見を表明できる者が監査役の中に必要との趣旨で，平成5年商法改正により導入されたものであるから（江頭賢治郎『会社法コンメンタール1』514頁（商事法務，2008年）），経営者と利害関係を有しない「独立性」が求められる社外取締役と，要件論において共通するところが多いであろう。

改正法においては，社外監査役の要件について，社外取締役の要件とほぼ同様の見直しを行っている。すなわち，現在要件を3つ追加して厳格化（独立性強化）を図った一方で，過去要件は緩和している。また，要件の見直しにより社外監査役の要件を満たさないこととなる者は，責任限定契約等の規律の適用を受けないこととなってしまうが，社外取締役の場合と同様に，見直しの後もこれまでと同様の規律が適用されるよう配慮し，監査役の責任の一部免除について併せて見直しを図っている（責任の一部免除の詳細は，161頁以下参照）。

Ⅲ 改正の詳細

社外監査役の要件については，改正会社法2条16号が定めている。すなわち，同号によると，株式会社の監査役であって，次の①～④に掲げる要件のいずれにも該当するものが社外監査役である。

NO.14　社外監査役の要件

> ①　就任前10年間，当社・子会社の関係者でなかったこと（過去要件）（2条16号イ）
> 　※　上記の者であっても，社外監査役就任前10年内のいずれかの時に当社・子会社の監査役であったことがある者の場合　→当該監査役就任前10年間，当社・子会社の関係者でなかったこと（過去要件）（2条16号ロ）
> ②　親会社等の関係者でないこと（現在要件）（2条16号ハ）
> ③　兄弟会社の業務執行取締役等でないこと（現在要件）（2条16号ニ）
> ④　当社関係者の近親者でないこと（現在要件）（2条16号ホ）

　　※　社外監査役の要件の改正に伴い，会社法施行規則における次の①②の定義が影響を受けているほか，社外監査役候補者に関する株主総会参考書類の記載事項が見直されている（会施規76条4項6号）。
　　①　社外役員（会施規2条3項5号）
　　②　社外監査役候補者（会施規2条3項8号）

　なお，改正会社法2条16号は，監査役（社外であるか否かを問わない）の兼任禁止規定を前提としている。したがって，社外監査役の要件を理解するためには，上記囲みに次の囲み（兼任禁止）をあわせるとわかりやすくなる。

> 監査役は，現時点で，次の地位を兼ねることが禁止されている。
> ①　当社・子会社の取締役・支配人・その他の使用人（335条2項）
> ②　当社の会計参与（333条3項1号），子会社の会計参与・執行役（335条2項）※
> 　※　「当社の執行役」との兼任を禁じられていないのは，そもそもこうした兼任があり得ないことによる（執行役を置く会社は指名委員会等設置会社であって，監査役を置くことがそもそも不可能（327条4項））

　改正会社法2条16号の各要件について，以下で詳述する。なお，改正に至るまでの議論の経緯は，社外取締役の個所で述べたところと重なる点が多い。

（1）就任前10年間当社・子会社の関係者でなかったこと（過去要件）（2条16号イ）

(i) 意義

　社外監査役は，その就任の前10年間，当該株式会社またはその子会社の取締役・会計参与・執行役・支配人・その他の使用人でなかったことが求めら

れる。

　監査役は，もともと当社・子会社の取締役等を兼任することができないが（333条3項1号，335条2項），社外監査役であるためには，それに加えて，本過去要件も求められる。

　本要件では，就任前10年間，当社・子会社の「取締役」でなかったことを求めており，「業務執行取締役」でなかったことに限定していない。したがって，就任前10年内に当社・子会社の取締役であった者は，たとえそれが社外取締役であったとしても，社外監査役となることができない（前掲・江頭・43頁）。

(ii) 「就任の前10年間」という限定を設けた理由

　旧会社法においては，「就任の前10年間」という限定はなく，「過去に」当社・子会社の関係者でなかったことが求められていた※。これは，業務執行者から一定の距離を置き，その影響を受けずに忌憚のない意見を表明するという社外監査役の役割に鑑みてのものであった（前掲・江頭・42～43頁）。

> ※　平成13年法149号による改正前は，過去要件に5年間という対象期間の限定があった。すなわち，同改正前は，社外監査役の要件について，「就任前5年間，当該会社・子会社の取締役・支配人・その他の使用人でなかった者」としていた（旧商法特例法18条1項）。

　改正会社法が「就任の前10年間」という限定を設けた理由は，過去に当社・子会社の関係者であったとしても，その後当社・子会社との関係が一定期間存在しなければ，業務執行者との関係が希薄になり，社外監査役の役割を実効的に果たすことを期待できるとして，過去要件に「就任の前10年間」という限定を設けている（過去要件の緩和）。また，過去要件に限定を設けたもう一つの理由として，社外監査役の現在要件を厳格化したこと（本稿Ⅲ3～5）にともない，社外監査役の人材確保の必要性に配慮したことも挙げられる（坂本三郎「平成26年改正会社法の解説〔Ⅲ〕」商事法務2043号8頁）。

(iii) 重任

　「就任の前10年間」について，監査役に重任（再任）している場合は，社

NO.14　社外監査役の要件

外取締役について説明されているところが当てはまるのであろう。すなわち，任期が更新されるごとに「就任」しているものととらえて，当該要件の充足性を判断することになる（NO.13Ⅲ1⑵⒤参照）。

⑵　当社・子会社の監査役であったことがある者の過去要件（2条16号ロ）

⒤　意義

　社外監査役は，前記1の過去要件（就任前10年間，当社・子会社の関係者でなかったこと）を満たしても，その就任前10年内のいずれかの時において，当該株式会社またはその子会社の監査役であったことがあれば，さらに，次の要件を満たすことが求められる。すなわち，当該監査役への就任の前10年間，当該株式会社またはその子会社の関係者（取締役・会計参与・執行役・支配人・その他使用人）でなかったことが求められる※。

　　※　具体的に，社外監査役就任の前10年内に当社の監査役を1期務めた者を例に，下記の図を用いて説明する。すなわち，社外監査役就任（④）の前10年内のいずれかの時（③）に当社の監査役であった者は，当該監査役への就任（②）の前10年間（①と②の間），当社・子会社の関係者でなかったことが求められる。

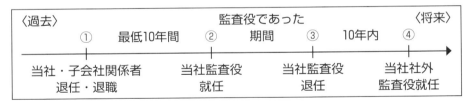

ⅱ　理由

　このような規定を設けた一つの理由として，社外監査役の要件を見直した平成13年法149号による改正の趣旨が挙げられている。

　すなわち，同改正前は，社外監査役の要件について，「就任前5年間，当該会社・子会社の取締役・支配人・その他の使用人でなかった者」としていたため（旧商法特例法18条1項），取締役退任後に監査役に就任し，5年以上経過した後に社外監査役に就任するというケースが多くみられた（いわゆる

横滑り社外監査役)。このため，上記改正は，「就任前5年間」という期間の限定を撤廃しており，こうした経緯も踏まえれば，同様の事態が生ずることを認めない必要があると説明されている（第21回議事録29頁以下）。

(iii) 重任

「当該監査役への就任前10年間」について，監査役に重任（再任）している場合は，社外取締役について説明されているところが当てはまるのであろう。すなわち，任期が更新されるごとに「就任」しているととらえて，要件の充足性を判断することになると考えられる（NO.13Ⅲ2(2)参照）。

(3) 親会社等の関係者でないこと（現在要件）（2条16号ハ）

(i) 意義

社外監査役は，現時点で，次の①②であってはならない。

① 当社の自然人である親会社等（当社の経営を支配している自然人）
② 当社の親会社等の取締役・監査役・執行役・支配人・その他の使用人

この現在要件は，改正法によって新たに追加されたものである。

①は，「親会社等」が自然人である場合（2条4号の2ロ，会施規3条の2第2項以下）の規定で，すなわち，当社の経営を支配している自然人は，当社の社外監査役になれないことを定めている。

②は，「親会社等」が法人である場合（2条4号の2イ）の規定で，その取締役・監査役・執行役・支配人・その他の使用人は，当社の社外監査役になれないことを定めている。ここでは，親会社等の「会計参与」を掲げていないが，これは，親会社等の会計参与は，そもそも同時に子会社の監査役となることができないことによる（333条3項1号）。

なお，上記①②はあくまで現在要件であり，過去に親会社等の関係者であったことは，社外監査役となることの妨げとならない。

本要件に関する議論の経緯については，NO.13Ⅲ3(3)を参照。

(ii) **社外監査役の実情**

旧会社法の下においては，親会社を有する監査役設置会社の社外監査役は，親会社出身者であるケースがやや目立っていた（例えば，平成26年にお

いて，親会社を有する監査役設置会社の社外監査役のうち，親会社出身の社外監査役は37.2％であったことが明らかにされている「東証上場会社　コーポレート・ガバナンス白書2015」（東京証券取引所）41頁）。改正会社法によって，親会社等の関係者は社外監査役になれないこととなったため，親会社出身者（現任の親会社関係者である者に限る）を社外監査役として迎えていた会社は，見直しを迫られることとなる。

(iii)　親会社等の取締役

本要件の定める「親会社等の取締役」についてであるが，ここでは業務執行取締役であるかどうかは区別されていない。

これは，親会社等の取締役である以上，株式会社の業務執行者が当該株式会社の利益を犠牲にしてその親会社等の利益を図る行為についての実効的な監査を期待することは困難なためである（NO.13 Ⅲ 3(4)参照）。

(4)　兄弟会社の業務執行取締役等でないこと（現在要件）（2条16号ニ）

(i)　意義

社外監査役は，現時点で，当社と親会社等を共通にする兄弟会社の業務執行取締役等（業務執行取締役・執行役・支配人・その他の使用人）であってはならない。

この現在要件は，改正法によって新たに追加されたものである。あくまで現在要件であり，過去に兄弟会社の業務執行取締役等であったことは，社外取締役となることの妨げとならない。

本要件が設けられた経緯について，NO.13 Ⅲ 4(2)を参照。

(ii)　業務執行取締役等に限定していること

条文上明らかなとおり，本要件では，兄弟会社の「業務執行取締役等（業務執行取締役・執行役・支配人・その他の使用人）」でないことが求められている。すなわち，会社法2条16号ハの要件と異なり，兄弟会社の「業務執行取締役等でない取締役」は，社外監査役となることができる。

この点については，兄弟会社の取締役に対する親会社等の影響力は，親会

社等自身の取締役と異なり間接的なものにとどまるとして，業務執行取締役等でない取締役（親会社等の指揮命令を受ける立場にない取締役）まで当該株式会社の社外監査役となることができないとする必要はないためである（NO.13Ⅲ 4(3)参照）。

以上と同様の理由から，兄弟会社の「会計参与・監査役」も，当該株式会社の社外監査役となることができる。

(5) 当社関係者の近親者でないこと（現在要件）（2条16号ホ）
(i) 意義

社外監査役は，現時点で，次の①②であってはならない。

① 「当社の取締役・執行役・支配人・その他の重要な使用人」の配偶者・2親等内の親族
② 「当社の経営を支配している自然人」の配偶者・2親等内の親族

この現在要件は，改正会社法によって新たに追加されたものである。あくまで現在要件であり，過去に当社関係者の近親者であったことは，社外取締役となることの妨げとならない。

本要件に関する議論の経緯については，NO.13Ⅲ 5(2)を参照。

(ii) 理由

本要件が追加された理由として，当社関係者の近親者は，当社関係者と経済的利益を同一にするものであり，当社関係者が当社の利益を犠牲にして自己またはその近親者の利益を図ることを実効的に監査することは期待し難いためである（NO.13Ⅲ 5(3)参照）。

(iii) 「取締役」について

本要件では，「当社の取締役」の近親者について社外性を否定するとしており，業務執行取締役であるかどうかで区別をしていない。

これは，社外監査役が監査すべき取締役は，業務執行取締役に限定されるわけではないこと等による（NO.13Ⅲ 5(4)参照）。

(iv) 「重要な使用人」について

本要件では，「当社の使用人」の近親者についてではなく，「当社の重要な

使用人」の近親者について社外性を否定することとしている。

　これは，社外監査役は，会社の使用人を直接監査することが期待されているわけではないことから，すべての使用人についてその近親者が社外監査役となれないとする必要がないためと考えられる（NO.13Ⅲ5⑸参照）。

　ここでいう「重要な使用人」とは，取締役や執行役等の経営者にきわめて近い地位にある者（経営者に準じるような者）を指し，これは会社法362条4項3号の「重要な使用人」よりも限定された者であるとされている。具体的には，執行役員のような者はこれに含まれるが，有力な支店の支店長等は当然には含まれるわけではないと考えられるとされている（NO.13Ⅲ5⑸参照）。

　ただ，部会では，「重要な使用人」について，一義的に明確ではなく，法的に不安定になるおそれがあるなどの指摘もなされていた（第21回議事録25頁以下）。

Ⅳ　経過措置

　改正法の施行によって，社外監査役の要件は改まることとなるが，施行の際現に社外監査役を置く株式会社の社外監査役については，経過措置が設けられている。すなわち，施行の際現に社外監査役を置く株式会社の社外監査役については，施行後最初に終了する事業年度に関する定時株主総会の終結の時までは，なお従前の例によるとされている（附則4条）。

　改正会社法の施行は平成27年5月1日であるから，3月期決算の会社にとって，改正会社法の「施行後最初に終了する事業年度」とは，平成27年4月～平成28年3月までの事業年度であることとなる。したがって，「平成27年4月～平成28年3月までの事業年度に関する定時株主総会」は，平成28年6月に開催される定時株主総会であることとなり，施行の際現に社外監査役を置く3月期決算の会社は，この定時株主総会の終結の時までに，改正後の要件を満たす社外監査役を選任すれば足りることとなる。

（植松　勉）

NO.15 社外取締役を置いていない場合の理由の開示
327条の2

改正のポイント

◆公開会社かつ大会社である監査役会設置会社のうち，その発行する株式について有価証券報告書の提出義務を負う株式会社である「特定監査役会設置会社」（会施規74条の2第2項）において，事業年度の末日において社外取締役を置いていない場合，取締役は，当該事業年度に関する定時株主総会において，「社外取締役を置くことが相当でない理由」を説明しなければならない（327条の2）。

I これまでの制度

現行法は，特定監査役会設置会社が社外取締役を置いていない場合に，社外取締役の選任を強く推奨するよう規定を設けていない。

II 改正の経緯

社外取締役は，業務執行者から独立した立場から，業務執行者による業務執行全般を評価し，取締役会の決議における議決権を行使すること等を通じて業務執行者を適切に監督することが可能である。そして，取締役会の業務執行者に対する監督機能を強化すること等を目的として，法制審議会会社法制部会において社外取締役の選任を義務付けるべきかにつき議論がなされた。もっとも，法制審議会会社法部会において，社外取締役の選任を義務付けることに合意が形成されず，社外取締役の選任を義務付ける旨の規定は設けられなかった。

そこで，法制審議会の法務大臣に対する答申においては，上場会社等において，社外取締役が存しない場合，「社外取締役を置くことが相当でない理

由」を事業報告の内容とすることとされていた。もっとも，改正法案の国会提出に先立つ自由民主党政務調査会法務部会において，コーポレート・ガバナンスを強化する方向性をより明確化し，社外取締役の導入をより一層促進するための規定を会社法において設ける必要があるとの指摘があった。そのため，社外取締役の選任に向けた動きが一段と促進されるように，「社外取締役を置くことが相当でない理由」を事業報告の内容することや株主総会の参考書類において説明することを求めるのみならず，取締役の説明義務に関する規定が会社法に設けられるに至った。

Ⅲ　改正の詳細

(1)　意義

　改正会社法では，事業年度の末日において特定監査役会設置会社が社外取締役を置いていない場合，取締役は，当該事業年度に関する定時株主総会において，「社外取締役を置くことが相当でない理由」を説明しなければならない（327条の2）。また，事業年度の末日において社外取締役を置いていない特定監査役会設置会社は，「社外取締役を置くことが相当でない理由」を事業報告及び株主総会参考書類の内容として，株主に開示することも法務省令において求められている（会施規74条の2・124条2項）。そして，法制審議会の附帯決議を受けて，東京証券取引所は，上場規則を改正し，上場会社は，取締役である独立役員を1人以上確保するよう努力する旨の規定（有価証券上場規程445条の4）を設けている。かかる上場規則は，平成26年2月10日から施行されている。なお，「独立役員」とは，一般株主と利益相反が生じるおそれのない社外取締役または社外監査役をいう（東京証券取引所有価証券上場規程436条の2）。

　社外取締役に関する改正会社法は，一種のコンプライ・オア・エクスプレイン・ルールを導入するものである。

　社外取締役を置いていない特定監査役会設置会社においては，毎年の定時株主総会において説明が必要となり，その説明のために社外取締役を置くか

どうか検討するため，社外取締役の選任が促進されることとなる。また，取締役の説明には，株主に対し，社外取締役の選任等株式会社の役員構成に関する判断資料を提供するという意義もある。

(2) 説明義務が課される株式会社

改正会社法327条の2は，説明義務が課される対象を①会社法上監査役会の設置が強制される公開会社であって，かつ，大会社である株式会社であり，②金融商品取引法24条1項の規定により発行する株式について有価証券報告書を提出しなければいけない株式会社に限定している。①の限定は，公開会社（2条5号）であり，かつ，大会社（同条6号）である株式会社は，類型的に，株主構成が頻繁に変動すること，及び，会社の規模による影響力から，社外取締役による業務執行者に対する監督の必要性が高く，また，社外取締役の人材確保に伴うコストを負担しうるためである（坂本三郎編『一問一答　平成26年改正会社法』82頁（商事法務，2014））。②の限定は，発行する株式について有価証券報告書を提出しなければならない株式会社は，類型的に，不特定多数の株主が存在する可能性が高いことから，社外取締役による業務執行者に対する監督の必要性が高いためである（前掲・坂本・82頁）。

改正会社法において，社外取締役の活用により取締役会の業務執行者に対する監督機能の強化を図ろうとした対象は，上場会社のうちその大多数を占める監査役会設置会社である。もっとも，上場会社でなくても，①と②の要件を満たせば，改正会社法327条の2の適用の対象となる。

会社法施行規則74条の2第2項では，①会社法上監査役会の設置が強制される公開会社であって，大会社である株式会社であり，②金融商品取引法24条1項の規定により発行する株式について有価証券報告書を提出しなければいけない株式会社を「特定監査役会設置会社」と定義している。

(3) 説明義務の基準時

改正会社法327条の2に基づく「社外取締役を置くことが相当でない理由」の説明が求められる株式会社か否かは，「事業年度の末日」の時点を基準に判断される。したがって，事業年度の末日において上述の①②の要件を満た

した特定監査役会設置会社において，その後，「当該事業年度に関する定時株主総会」までの間に，①②の要件を満たさなくなっても，取締役は，説明義務を負うことになる。

　事業年度の末日において，上述の①と②の要件を充足する株式会社が「当該事業年度に関する定時株主総会」に社外取締役の選任議案を上程しても，取締役は，説明義務を免れない。しかしながら，改正会社法327条の2の趣旨・目的や，「社外取締役を置くことが相当でない理由」は各会社の個別事情に応じた説明が求められることから，当該定時株主総会に社外取締役の選任議案が上程される場合には，「社外取締役を置くことが相当でない理由」の説明は，比較的簡潔なものでよいと解されている（前掲・坂本・84頁）。

(4) 説明が必要な場面

(i) 取締役の説明義務

　改正法では，社外取締役を置いていない特定監査役会設置会社において，取締役の選任議案の上程の有無にかかわらず，当該事業年度の定時株主総会で，取締役は，「社外取締役を置くことが相当でない理由」を説明しなければならないとしている（327条の2）。改正会社法327条の2の規定は，取締役の説明義務の規定（314条）の特則と位置付けられている（前田雅弘「企業統治」ジュリ1472号19頁）。

　社外取締役を置いていない株式会社が社外取締役の候補者を含まない取締役の選任議案を株主総会に上程する場合にのみ，取締役が「社外取締役を置くことが相当でない理由」を当該株主総会において説明しなければならないとすると，公開会社において取締役の任期が原則として2年とされていることから（332条1項本文），毎年の定時株主総会において，当該説明がされるとは限らなくなる。もっとも，「社外取締役を置くことが相当でない理由」は，会社の状況によって変化し，株主に対する情報提供という観点から，毎年説明するのが相当とされている（前掲・坂本・86頁）。また，「社外取締役を置くことが相当でない理由」の説明を定時株主総会で義務付けることによって，社外取締役の選任の促進がなされることになる。したがって，「社外取締役

を置くことが相当でない理由」の説明は，毎事業年度の定時株主総会で行わなければならない。

　(ii)　**株主総会参考書類**

　社外取締役を置いていない特定監査役会設置会社が，取締役の選任議案を株主総会に提出する場合，社外取締役となる見込みである者を候補者とする取締役の選任議案を当該株主総会に提出しないときは，株主総会参考書類に，社外取締役を置くことが相当でない理由を記載しなければならない（会施規74条の2第1項）。

　(iii)　**事業報告**

　事業年度の末日において，社外取締役を置いていない監査役会設置会社（大会社に限る。）であって有価証券報告書を提出する会社は，社外取締役を置くことが相当でない理由を当該事業年度に係る事業報告の内容としなければならない（会施規124条2項）。

　(iv)　**各場面での相違**

　「社外取締役を置くことが相当でない理由」は，定時株主総会での取締役の説明，事業報告及び株主総会参考書類という3つの場面で説明が必要となる。

　定時株主総会における取締役の説明及び事業報告の説明は，毎事業年度行われるのに対し，株主総会参考書類における説明は，一事業年度において一度も説明されないこともあり得る。

　定時株主総会における取締役の説明及び事業報告は，事業年度の末日における取締役会の構成に関する会社の考え方が説明されることになる。他方，株主総会参考書類は，株主総会参考書類の作成の時点であって，株主総会後の取締役会の構成に関する会社の考え方が説明されることになる。

　事業報告は，株主全員に提供され（437条），定時株主総会への出席の有無にかかわらず，すべての株主に「社外取締役を置くことが相当でない理由」が周知されることになる。また，定時株主総会において，取締役が株主に対し，積極的に口頭で「社外取締役を置くことが相当でない理由」を説明する

ことによって，社外取締役の導入の一層の促進を図ることになる。

(5) 説明義務の内容

特定監査役会設置会社が社外取締役を置かない理由は，各会社によって異なる。そのため，改正会社法327条の2の「社外取締役を置くことが相当でない理由」の説明は，各会社の個別の事情に応じてなされることになる。

改正会社法327条の2は，社外取締役を置くことが相当でない理由の説明を求めているため，単に社外取締役を「置かない」理由を説明するだけでは足りず，置くことが「相当でない」理由を説明しなければならない。「相当でない」理由を説明したというためには，社外取締役を置くことがかえってその会社にマイナスの影響を及ぼすというような事情を説明する必要がある（前掲・坂本・85頁）。そして，社外監査役が2名以上あることのみをもって「社外取締役を置くことが相当でない理由」とすることはできない（会施規74条の2第3項，124条3項）。「社外監査役が〇名おり，社外者による監査・監督として十分に機能している」との説明や「適任者がいない」ということの説明では，社外取締役を置くことが「相当でない」理由の説明とは認められないとの見解がある（前掲・坂本・85頁）。学説上は，かかる説明においても説明義務を果たし得る場合があるとする見解もある（前掲・前田・19頁，田中亘「取締役会の監督機能の強化」商事法務2062号9～10頁）。

(6) 説明義務の懈怠の効果

事業年度の末日において，社外取締役を置いていない特定監査役会設置会社の取締役が，当該事業年度における定時株主総会において，「社外取締役を置くことが相当でない理由」の説明をしなかった場合，当該取締役は，善管注意義務違反（330条，民法644条）となる。もっとも，損害の立証がきわめて困難であるとの指摘がなされている（岩原伸作ほか「座談会　改正会社法の意義と今後の課題〔上〕」商事法務2040号11頁（2014年））。

「社外取締役を置くことが相当でない理由」は，当該会社の取締役の構成に関わるものである。そのため，取締役の選任議案の上程の有無にかかわらず，取締役が説明義務に違反して「社外取締役を置くことが相当でない理由」

を説明しなかった場合，株主総会の決議方法に法令違反（831条1項1号）があるものとして，株主総会決議の取消事由に該当する可能性がある（前掲・坂本・89頁。裁量棄却の可能性につき，前掲・田中・12頁参照）。また，取締役が，定時株主総会において，「社外取締役を置くことが相当でない理由」につき，虚偽の内容の説明をした場合も，同様に，株主総会決議の取消事由となる可能性がある。さらに，取締役の選任議案に係る株主総会参考書類に「社外取締役を置くことが相当でない理由」を記載する必要がある会社が，当該理由の不記載をした場合，または，虚偽記載をした場合，株主総会の招集の手続の法令違反（831条1項1号）があるものとして，株主総会決議の取消事由となる可能性がある（前掲・坂本・89頁）。

　また，「社外取締役を置くことが相当でない理由」を事業報告に記載する必要があるとされた会社に，当該理由の不記載，または虚偽記載があった場合，取締役等の関係者は，100万円以下の過料に処せられる（976条7号）ことが想定される（前掲・坂本・89頁（注2））。

　さらに，改正会社327条の2の規定に基づく説明義務について，取締役が「社外取締役を置くことが相当でない理由」について，定時株主総会において「虚偽の申述」をしたと評価された場合，当該取締役は100万円以下の過料に処せられることになる（前掲・坂本・90頁（注3））。

　特定監査役会設置において取締役が説明した具体的な内容が，当該会社について「社外取締役を置くことが相当でない理由」として十分であるかは，第一次的には，当該会社の株主総会において判断されることになる。改正会社法327条の2趣旨は，株主に対する情報提供及び定時株主総会での説明を通して社外取締役の選任を促進することにあり，また，会社法上社外取締役を含む取締役の選任権限は，株主総会にあるためである。したがって，「社外取締役を置くことが相当でない理由」の説明が客観的に見て，不合理・不十分であることから，直ちに会社法327条の2の違反とならないと解されている（前掲・坂本・91頁）。また，説明された理由に客観的合理性があるか否かは，株主の将来の投資判断等には影響を与え得るとしても，直接に何らか

の法的拘束力を生じさせないとの指摘もある（江頭憲治郎『株式会社法〔第6版〕』384頁（注6）（有斐閣，2014年））。

Ⅳ 経過措置

　改正会社法327条の2の規定の適用につき，特段の経過措置は設けられていない。そのため，定時株主総会が改正会社法の施行後に開催される場合には，同条の適用がある。

　事業年度の末日が改正会社法の施行前であっても，当該事業年度に関する定時株主総会の日が改正法の施行日以後であれば，改正会社法327条の2の適用があり，取締役は当該定時株主総会において，「社外取締役を置くことが相当でない理由」を説明しなければならない。

　平成26年改正会社法の施行後2年を経過した場合において，社外取締役の選任状況その他社会経済情勢の変化等を勘案して，企業統治に係る制度のあり方について検討を加え，必要があると認められるときは，その結果に基づいて，社外取締役を置くことの義務付け等所要の措置を講ずることになる（附則25条）。

（金澤　大祐）

No.16 会計監査人の選任等に関する議案の内容の決定
344条

改正のポイント

◆株主総会に提出する会計監査人の選任，解任及び不再任に関する議案の内容は，監査役設置会社においては，監査役が決定（監査役が2人以上ある場合は，監査役の過半数をもって決定）し，監査役会設置会社においては，監査役会が決定する。監査等委員会設置会社においては，監査等委員会が，指名委員会等設置会社においては，監査委員会が決定する。

Ⅰ これまでの制度

会計監査人の選任・解任は，株主総会の決議事項である（329条1項，339条1項）。そして，監査役設置会社または監査役会設置会社においては，①会計監査人の選任に関する議案を株主総会に提出すること，②会計監査人の選任または解任を株主総会の目的とすること，③会計監査人を再任しないことを株主総会の目的とすることは，取締役（会）の権限であり（298条1項2号，4項参照），ただし，これらの議案については監査役の（過半数の）同意（監査役会設置会社では監査役会の同意）が必要であった（旧法344条1項，3項）。また，監査役（会）は，取締役に対し，これら①②③を請求することができた（旧法344条2項，3項）。

Ⅱ 改正の経緯

旧会社法のように監査を受ける立場にある取締役（会）が会計監査人の選解任等に関する議案を決定することについては，会計監査人の独立性の観点から問題があるとの批判があった（法制審議会会社法制部会資料2・4頁）。すなわち，会計監査人が監査対象である会社の経営者から監査報酬を支払わ

れるという仕組みには、「インセンティブのねじれ」が存在しており、これを解消して、財務情報の適正性の確保及び会計監査人と監査役との連携を強化する観点からは、会計監査人の選任議案・報酬の決定権を監査役の権限とすべきであると主張されていた（金融審議会・金融分科会「我が国金融・資本市場の国際化に関するスタディグループ報告〜上場会社等のコーポレート・ガバナンスの強化に向けて〜」12頁以下（2009年）等）。

Ⅲ　改正の詳細

(1)　改正法の内容

　株主総会に提出する会計監査人の選任及び解任並びに会計監査人を再任しないことに関する議案の内容は、監査役設置会社においては、監査役が決定（監査役が2人以上ある場合は、監査役の過半数をもって決定）し、監査役会設置会社においては、監査役会が決定する（344条1項ないし3項）。監査等委員会設置会社においては、監査等委員会が決定する（399条の2第3項2号）。また、指名委員会等設置会社においては、監査委員会が決定する（404条2項2号）。

　改正の経緯からすると、監査役（会）が会計監査人の選任等の議案を決定するにあたり、取締役が監査役等に対して原案を提示することは認められないとの指摘がある（江頭憲治郎『株式会社法〔第5版〕』609頁（有斐閣、2014年））。

　監査役（会）において会計監査人の不再任の判断をした場合には、後任の会計監査人の選定にも相応の時間を要することになるので、監査役は、取締役や社内の関係各部署や会計監査人とも適宜情報交換をし、検討しておくことが必要になるといわれている（岩原紳作ほか「改正会社法の意義と今後の課題〔上〕」商事法務2040号25頁〔斎藤誠発言〕（2014年））。

　また、旧法下では、監査役は会計監査人の選任に関する同意権を有していたから、取締役が提示した会計監査人の候補者の案が適切かどうかを検討していたのに対し、改正法下では、監査役（会）が積極的に会計監査人の候補者の選択をすることになるから、会計監査人の選任に関して監査役が負う善

管注意義務の内容も異なってくると考えられる（前掲・岩原ほか・27頁〔岩原紳作発言〕（2014年））。

(2) 株主総会参考書類への記載事項

取締役が会計監査人の選任に関する議案を株主総会に提出する場合には，株主総会参考書類には，監査役等※1が当該候補者を会計監査人の候補者とした理由を記載しなければならない（会施規77条3号）。また，取締役が会計監査人の解任または不再任に関する議案を提出する場合には，株主総会参考書類には，監査役等が議案の内容を決定した理由を記載しなければならない（会施規81条2号）※2。

> ※1 ここの「監査役等」とは，監査役のほか，監査役会設置会社にあっては監査役会，監査等委員会設置会社にあっては監査等委員会，指名委員会等設置会社にあっては監査委員会と読み替える。
>
> ※2 なお，従前は，会計監査人の選任，解任または不再任に関する議案が監査役（会）による請求によって提出された場合には，その旨を株主総会参考書類に記載する必要があったが（旧法会施規77条3号，旧法会施規81条3号），当該議案の決定権限が監査役（会）となったことにより，これらの規定は改められた。

(3) 会計監査人の報酬等の決定権限（改正されなかった点）

会計監査人の報酬等は，取締役が決定し，監査役等は同意権を有するにとどまるが（399条），これについても，監査役等に報酬等の決定権を付与すべきであるとの改正提案もなされた（中間試案5頁・第2の1・A案）。

この提案に賛成する理由として，監査を受ける取締役が報酬決定権を持つという仕組みは本質的に矛盾していること（法制審議会会社法制部会第19回会議議事録42頁〔太田順司委員発言〕），経営者が粉飾決算を隠匿するために会計監査人を変更することを防止するという観点（同議事録42頁〔栗田照久幹事発言〕）等が挙げられ，また，無用な報酬の高額化へのおそれがあるという点については，監査役が株式会社に対して善管注意義務あるいは忠実義務を負っており，それに違反すれば損害賠償義務を負うことから歯止めが掛かるとの意見が出された（同議事録42頁〔同栗田幹事発言〕）。

しかし，この提案に対しては，会計監査人の報酬の決定は費用支出に関する経営判断の要素が強いことを踏まえ，取締役（会）がこれを決定することが適切である等の批判があった（同議事録41頁〔宮﨑雅之関係官説明〕，同部会資料21・11〜12頁，中間試案補足説明16頁）。また，会計監査人の独立性は，監査役等が会計監査人の報酬等についての同意権を適切に行使することにより確保できるとの説明もなされた（同部会第21回議事録31頁〔宮﨑雅之関係官説明〕）。

そして，最終的には，会計監査人の報酬等の決定権についての改正はされないこととなった※。

> ※ もっとも，会計監査人の報酬等の決定権については，継続的に検討する必要があるとの指摘がなされた（同議事録32頁〔田中亘幹事発言〕）。

Ⅳ　経過措置

施行日前に会計監査人の選任若しくは解任または会計監査人を再任しないことに関する決議をするための株主総会の招集手続が開始された場合における会計監査人の選任若しくは解任または会計監査人を再任しないことに係る手続きについては，従前の例によることとなるため（附則15条），会計監査人の選任等の議案は，監査役（会）の同意を得て取締役（会）が決定していれば足りる。

同条の「株主総会の招集手続が開始された場合」とは，取締役会が招集を決定した時点を基準とする（坂本三郎『一問一答　平成26年改正会社法』127頁（商事法務，2014年））。

（稗田　さやか）

NO.17 企業集団の業務の適正確保に必要な体制の整備
348条，362条，416条

> **改正のポイント**
>
> ◆取締役ないし取締役会の権限として，株式会社の業務の適正確保のための体制の整備だけではなく，株式会社及びその子会社から成る企業集団の業務の適正を確保するために必要な体制の整備についての規定を新設した（348条3項4号，362条4項6号，399条の13第1項1号ハ，416条1項1号ホ）。

I これまでの制度

　内部統制システムとは，「取締役（執行役）の職務の執行が法令及び定款に適合することを確保するための体制その他株式会社の業務の適正を確保するために必要なものとして法務省令で定める体制」（348条3項4号，362条4項6号，416条1項1号ホ）である。

　そして，法務省令において株式会社の業務の適正を確保するために必要な体制の内容として，①情報保存管理体制，②損失危機管理体制，③効率性確保体制，④使用人コンプライアンス体制，⑤当該株式会社並びにその親会社及び子会社から成る企業集団における業務の適正を確保するための体制（企業集団コンプライアンス体制）が定められていた（会施規98条1項，100条1項，112条2項）。

　この内部統制システムの整備権限は，取締役会非設置会社では取締役の多数決による専決事項であり（348条3項4号），取締役会設置会社では取締役会の専決事項である（362条4項6号，416条1項1号ホ，同Ⅲ）。

　そして，大会社及び委員会設置会社では，取締役ないし取締役会は，内部統制システムの整備に関する事項を決定することが義務付けられていた（348

条4項，362条5項，416条2項)。

II　改正の経緯

　持株会社が急速に広まった中で，企業グループの業務の中心が子会社にあり，持株会社による子会社の監督が不十分となっている例が多いのではないかとの問題意識から，親会社取締役会に子会社の取締役の職務の執行の監督を行う旨の規定を設けることが検討された。

　経済界は，過剰な子会社経営への介入，グループ経営の委縮効果等の懸念から，これに反対し，加えて，いわゆる多重代表訴訟制度新設により親会社株主による子会社監督機能が一定程度実現したこともあり，法務省令に規定されていた「当該株式会社並びにその親会社及び子会社から成る企業集団における業務の適正を確保するための体制（企業集団コンプライアンス体制）」を「当該株式会社及びその子会社から成る企業集団の業務の適正を確保するための体制」として会社法本体の規定にすることで落ち着いた。

III　改正の詳細

(1)　会社法の規定

　上記IIの改正により，会社法の条文に「当該株式会社及びその子会社から成る企業集団の業務の適正を確保するための体制」が追加となり，内部統制システムとは，「取締役（執行役）の職務の執行が法令及び定款に適合することを確保するための体制その他株式会社の業務並びに当該株式会社及びその子会社から成る企業集団の業務の適正を確保するために必要なものとして法務省令で定める体制」（348条3項4号，362条4項6号，416条1項1号ホ）と定義されることとなる。

　監査等委員会設置会社においても上記と同じ規程が新設され（399条の13第1項1号ハ），取締役会には内部統制システムの整備に関する事項を決定することが義務付けられた（399条の13第2項）。

(2) 会社法施行規則の規定

　会社法に「当該株式会社及びその子会社から成る企業集団の業務の適正を確保するための体制」が追加されたことに伴い，従来法務省令で定められていた①情報保存管理体制，②損失危機管理体制，③効率性確保体制，④使用人コンプライアンス体制，⑤当該株式会社並びにその親会社及び子会社から成る企業集団における業務の適正を確保するための体制（企業集団コンプライアンス体制）に追加して，⑥子会社管理体制が追加された（会施規98条1項，100条1項，112条2項）（監査等委員会設置会社についても同じ規定が新設された（会施規110条の4第2項））。

　その内容は，次のとおりである。

a　子会社の取締役，執行役，業務を執行する社員等（c及びdにおいて「取締役等」という。）の職務の執行に係る事項の当該株式会社への報告に関する体制

b　子会社の損失の危険の管理に関する規程その他の体制（子会社における上記②の体制）

c　子会社の取締役等の職務の執行が効率的に行われることを確保するための体制（子会社における上記③の体制）

d　子会社の取締役等及び使用人の職務の執行が法令及び定款に適合することを確保するための体制（子会社における取締役コンプライアンス体制および子会社における上記④の体制）

（本井　克樹）

NO.18 監査等委員会設置会社制度
399条の2～

> **改正のポイント**
>
> ◆監査等委員会設置会社は，新しい機関設計として導入された制度である。これは，公開大会社向けの監査役会設置会社と委員会設置会社制度（改正後は指名委員会等設置会社）の利点を集めたハイブリッドな機関である。
> ◆改正会社法では，社外取締役の設置義務が強化されるため，監査役会設置会社については社外監査役に加えて社外取締役を置く必要がある。監査等委員会設置会社にすれば前者を置かず，後者のみで済む。
> ◆監査等委員会設置会社への移行を促すため，利用勧奨策がある。
>   ① 一定の場合に，取締役へと業務執行の決定権を大幅に委任できる（それにより指名委員会等設置会社における執行役への権限移譲とほぼ同様のレベルにすることが可能となる）
>   ② 監査等委員会の承認があれば，監査等委員以外の取締役について利益相反取引における取締役の任務懈怠推定を適用しないことができる。これは監査等委員会設置会社のみに認められた制度である。

I これまでの制度

　旧会社法では公開大会社向けの主な機関設計として，監査役会設置会社（2条10号）と委員会設置会社制度（旧法2条12号：改正後は「指名委員会等設置会社」という）がある。これらの会社では取締役会の設置が義務付けられ（327条1項），取締役会を通じた意思決定が行われる（326条4項）ので，取締役による権限濫用を防止し，取締役間の監督権限を補強するために，監査機関（監査役（会），監査委員会）の設置が求められていた（327条2項，328条，400条1項）。

　これらの制度に加えて，新たな機関設計として導入されたのが，監査等委

員会設置会社である。後述するように，この機関は両制度の利点を集めたハイブリッドな制度であり，実務上，各会社の実態を考慮して採用の当否を検討することが求められる。

II 改正の経緯

(1) 監査役会設置会社と委員会設置会社における監査制度

　監査等委員会設置会社の新設が求められたのは，監査制度に次の問題点があると考えられるためである（坂本三郎ほか「平成26年改正会社法の解説(II)」商事2042号19～20頁（2014年））。

　まず，監査役会設置会社については，そもそも監査役監査に限界があるとされる。これまで，監査役制度は，監査制度の実効性を高めるために，権限を強化し独立性を高めるための度重なる改正を受けており，「商法の改正は監査役制度の改正である」とさえいわれるほどであった。そのため条文上監査制度はよく整備されているものの，監査役は取締役ではないので，取締役会への出席・意見陳述義務（383条1項）にとどまり，取締役会における議決権がなく，また取締役等の業務執行者に対する人事権もないことが，監査役監査の実効性の向上につながらないといわれてきた[※1]。

　また，委員会設置会社は，平成14年の商法改正で導入されたが，これを採用する会社は少ない[※2]。なぜなら，監査委員会のほか指名委員会と報酬委員会も設置しなければならず（2条12号，400条1項），しかもこれら3つの委員会はそれぞれ委員3人以上で組織され，各委員会の委員の過半数は社外取締役でなければならない（400条1項，3項）ことから，社外取締役が人事権と報酬決定権を握ることに抵抗感が強いためである。

> ※1　また，監査役には伝統的に「実査」が求められてきたことも問題となる。すなわち，監査役は，会計監査人とは異なり専門的資格は要求されておらず，また監査役会では社外監査役の設置も要求されるにもかかわらず，実査を必要とするとなれば，監査役の責任との関係で違法性監査に限定されるべきであるということになろう。反面

妥当性監査（経営事項）にまで権限が及ばないと解されており，監査役監査の限界が指摘されてきた。それを変えて，特に社外役員を妥当性監査にまで踏み込ませようとするには，実査の負担のない取締役会メンバー（つまり経営陣）の中に監督機関を組み入れるのが適当と考えられよう。これが監査等委員会設置会社の導入の1つの理由である。

※2　平成25年10月末現在で約90社にとどまる（神田秀樹『会社法（第16版）』245頁（弘文堂，2014年））。

(2) 社外取締役活用の促進

　業務執行者に対する監督機能を強化するために，社外取締役の活用が求められている。社外取締役は，業務執行者から独立した立場に立ち，取締役会の決議において議決権を行使すること等を通じて，業務執行者を監督するため，社内取締役のみによる監督よりも監督機能の実効性が高いことが期待されるためである。

　もっとも，(1)で述べたように委員会設置会社の採用は進んでこなかった。

　また，日本では監査役（会）設置会社を選択する会社が多いが，この会社形態では2人以上の社外監査役を置かなければならない（335条3項）ため，さらに社外取締役の設置をも要求することは会社に負担感が強い。

　そこで，改正会社法は，社外取締役及び社外監査役の要件を改正し，その会社の自然人である親会社等や親会社等の取締役等でないこと，等を定めて要件を厳格化した（2条15号，16号：本書Ⅳ章参照）。そして，金融商品取引法の規定により有価証券報告書の提出義務のある監査役会設置会社（公開会社かつ大会社に限る）が，事業年度の末日において社外取締役を置いていない場合には，取締役は，当該事業年度に関する定時株主総会において，社外取締役を置くことが「相当でない理由」を説明しなければならず（327条の2），その理由は事業報告の内容とすることが求められる（会施規124条2項，3項）。この説明義務は，取締役が，株主からの質問を待たずに，積極的に口頭で社外取締役を置くことが相当でない理由を説明しなければならないものであり，それを毎年の定時株主総会でしなければならなくなることから，同条の趣旨は，

社外取締役の選任に向けた動きを促進しようとするものと考えられる※1。

また，会社法改正の動向を踏まえて，東京証券取引所は，上場規則を改正し，上場会社は，取締役である独立役員※2を少なくとも1名以上確保するよう務めなければならない旨の規定を設け（東京証券取引所「有価証券上場規程」445条の4），平成26年2月10日から施行している。

このように，社外取締役の導入を進めると，監査役会設置会社では2名以上の社外監査役に加えてさらに1名以上の社外取締役まで選任しなければならず，負担が大きい。こうしたことを考慮して，監査等委員会が新設された。監査等委員会を設置した場合には監査役を置いてはならない（327条4項）ため，社外役員をさらに増員をしなくとも済むからである※3。

※1 「相当でない理由」の説明とは，取締役が，単に社外取締役を「置かない」理由を説明するだけでは足りず，社外取締役を置くことがかえってその会社にマイナスの影響を及ぼすというような事情を説明しなければならないものと解されている（坂本三郎ほか「平成26年改正会社法の解説(I)」商事2040号36頁（2014年））。

※2 同有価証券上場規程に定める独立役員とは，一般株主と利益相反が生じるおそれのない社外取締役（2条15号）または社外監査役（2条16号）をいうものとされている（有価証券上場規程436条の2）。

※3 さらに，同有価証券上場規程の改正（2015年5月13日，同年6月1日施行）では，「コーポレートガバナンス・コード」の趣旨・精神を尊重してコーポレート・ガバナンスの充実に取り組むよう努めるものとされ，同コードの原則4−8では独立社外取締役を少なくとも2名以上選任すべきとし，上場会社が同コードを実施しない場合には，その理由を説明するものとされる。

Ⅲ 改正の詳細

(1) 監査等委員会設置会社の概要

(i) 監査等委員会設置会社とは

監査等委員会設置会社とは，定款の規定に基づき，監査等委員会を置く株式会社である（2条11号の2，326条2項）。それではなぜ「監査等」という

のであろうか。

「監査」権限を有する点は，監査役（会）設置会社における監査役（会）と指名委員会等設置会社における監査委員会と同じである。

これに加えて，次の「監督」機能を有しているところから，監査「等」と規定したのである（前掲・坂本ほか「解説(II)」・20頁）。すなわち，①監査等委員である取締役の選任解任等及び報酬等について株主総会における意見陳述権を有すること（342条の2，361条6項），及び，②利益相反取引について取締役の任務懈怠を推定する規定は，監査等委員以外の取締役が当該取引について監査等委員会の承認を受けたときは適用しないこととしていること（423条4項）である。①は，いわば指名委員会等設置会社における指名委員会と報酬委員会の機能を，監査等委員会が代替機能を果たすことを企図するものといえる。②は，(5)で後述する利用勧奨策である。

(ii) **設置すべき機関**

監査等委員会設置会社を設置した場合に，置くべき機関は，監査等委員会のほか，取締役会，代表取締役及び会計監査人である（327条1項3号，5項）※。

監査等委員会設置会社は，代表取締役または業務執行取締役が業務を執行する（363条1項）のであって，指名委員会等設置会社のように取締役会で選任される執行役（402条2項）が業務を執行するのではない。これは，株主総会の選任決議を通じた株主からの業務執行の監督を受ける取締役が業務を執行することが適切と考えられたためである。また，監査等委員は，計算書類の作成権限を有する取締役会のメンバーであるため，計算書類の適正性を確保するために，大会社か否かにかかわらずに会計監査人の設置が義務付けられる。

逆に設置することができないのは，監査等委員会と同じ監査機能を有する監査役である（327条4項）。

これらをまとめ，他の監査機関と比べたのが 図1 である。

> ※　なお，会計参与は，定款に定めを置くことで任意に設置することができる（326条2項）。

図1 監査機関の典型例

①監査役会設置会社

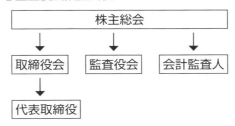

②監査等委員会設置会社

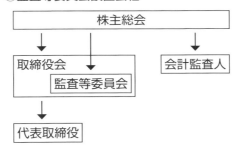

③指名委員会等設置会社

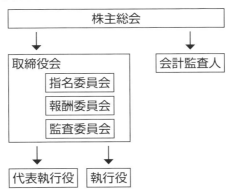

(iii) **監査等委員会の構成**

監査等委員会は，監査等委員である取締役3人以上で組織され，その過半

数が社外取締役でなければならない（331条6項）。

さらに，監査等委員である取締役には資格制限があるため，監査等委員会設置会社には，「最低4人の取締役」を置く必要がある（前掲・坂本ほか「解説(Ⅱ)」・21頁）。これは，①監査等委員である取締役は，監査等委員会設置会社若しくはその子会社の業務執行取締役若しくは支配人その他の使用人または当該子会社の会計参与若しくは執行役を兼ねることができず（331条3項），②監査等委員「以外」の取締役の中から，取締役会が代表取締役を選定しなければならないためである（399条の13第3項）。

また，監査役会と異なり（390条3項対照），監査等委員には常勤委員の選定は義務付けられていない。これは，指名委員会等設置会社におけると同様に内部統制システムを利用した組織的な監査を行うことが前提とされており，常勤委員を義務付けなくとも情報収集等には問題がないと考えられたからである（前掲・坂本ほか「解説(Ⅱ)」・22頁）※。

そのため，監査等委員会設置会社の取締役会は，大会社であるか否かに

図2 監査等委員会との対比(1)

	監査役会設置会社における**監査役会**	監査等委員会設置会社における**監査等委員会**	指名委員会等設置会社における**監査委員会**
目的	監査	監査等（監査＋監督）	監査
構成員の資格と員数	監査役（390条1項）	委員たる取締役（399条の2第2項）	取締役（400条2項）
	3人以上（335条3項）	3人以上（331条6項）	3人以上（400条1項）
社外者の割合	社外監査役が半数以上（335条3項）	社外取締役が過半数（331条6項）	社外取締役が過半数（400条3項）
常勤者の要否	必要（390条3項）	不要	不要

（注）山本憲光「監査等委員会設置会社の新設」ビジネス法務14巻2号27頁（2014年）の図を参照して作成した（以下の図3〜図5に同じ）。また，監査等委員会が，監査役会または監査委員会のいずれかに類似したところを図に 強調 した。

かわらず，内部統制システムの構築を義務づけられるとともに，監査等委員の職務を補助すべき使用人等に関する事項や監査等委員会設置会社への報告体制を決定する必要がある（399条の13第1項1号ロ，ハ，会施規110条の4第1項）。

監査等委員会設置会社における監査等委員会と，監査役会設置会社における監査役会及び指名委員会等設置会社における監査委員会の構成を対比したのが，図2である。

※：もっとも，任意に常勤監査委員を選定しても構わない。

(2) **監査等委員の地位**

監査等委員の地位に関する規制として，ここでは選任・解任・辞任規制，報酬規制等を取り上げることにしたい。

(i) 選任・解任・辞任規制

監査等委員会設置会社においては，監査等委員は取締役であるから株主総会の決議によって選任されるが（329条1項），監査等委員である取締役とそれ以外の取締役とを区別して選任しなければならない（329条2項）。指名委員会等設置会社において，取締役会で選定される監査委員（400条2項）と異なり，直接株主が選任する点で監査役の選任規制に近いといえる。監査等委員である取締役の選任議案は，株主総会参考書類に，候補者の氏名，生年月日および略歴，監査等委員から意見があるときはその意見の内容の概要等を，さらに公開会社である場合には候補者の有する当該会社の株式の数，重要な兼職，等を記載することが求められる（会施規74条の3第1項，2項）。

また，監査等委員会設置会社においては，取締役は，監査等委員である取締役の選任議案を株主総会に提出するには，監査等委員会の「同意」を得なければならず，また，監査等委員会は，取締役に対し，監査等委員である取締役の選任議題や議案を株主総会に提出することを請求することができる（344条の2第1項，2項）。

監査等委員の解任については，株主総会の特別決議を要する（343条の2第3項，309条2項7号）※。

(399条の2〜)

NO.18　監査等委員会設置会社制度

　また，監査等委員である取締役は，株主総会において，監査等委員である取締役の選任・解任・辞任について意見を述べることができる（342条の2第1項）。

　監査等委員である取締役を辞任した者は，辞任後最初に招集される株主総会に出席して，辞任した旨及びその理由を述べることができる（342条の2第2項）ため，この監査等委員である取締役に対し，取締役は，当該株主総会を招集する旨及び株主総会の日時と場所を通知しなければならない（342条の2第3項）。

　さらに，監査等委員会が選定する監査等委員は，株主総会において，監査等委員である取締役以外の取締役の選任・解任・辞任について監査等委員会の意見を述べることができる（342条の2第4項）。

> ※　これも監査役の解任規制と同じであり（339条1項，343条4項，309条2項7号），監査等委員である取締役の独立性（身分保障）が強化されている。これに対し，監査等委員以外の取締役の解任は，株主総会の普通決議事項である（341条）。

(ii)　**任期規制**

　監査等委員である取締役の任期は，2年（選任後2年以内に終了する事業年度のうち最終のものに関する定時株主総会の終了時まで）であり，定款や株主総会決議で短縮することはできない（332条4項，1項）※1。

　これに対し，監査の対象となる監査等委員以外の取締役の任期は，1年（選任後1年以内に終了する事業年度のうち最終のものに関する定時株主総会の終了時まで）である（332条3項，1項）※2。

> ※1　また，非公開会社では定款によって，取締役の任期を10年（選任後10年以内に終了する事業年度のうち最終のものに関する定時株主総会の終了時まで）に伸長することができるが，監査等委員である取締役については伸長することは認められない（332条2項）。
>
> ※2　これは，剰余金分配を取締役会の権限とする会社が，会計監査人設置会社であって，監査等委員である取締役以外の取締役の任期を1年（その選任後1年以内の最終事業年度に関する定時株主総会の終

結の時まで）とすることを要件としていることに対応するものである（459条1項）。

(iii) 報酬規制

監査等委員会設置会社では，取締役の報酬等について次に述べる①～③の事項について，定款に定めていなければ，株主総会の決議によって定めなければならない（361条1項，309条1項）。

①	額が確定しているもの	その額
②	額が確定していないもの	その具体的な算定方法
③	金銭でないもの	その具体的な内容

②・③については，業績の指標を人為的に操作して不適切な運用がなされる危険があるため，その新設または改定に関する議案を株主総会に提出した取締役は，その株主総会において当該報酬等を相当とする理由を説明しなければならない（361条4項）。

監査等委員会設置会社においても，定款の定めまたは株主総会の決議によって，取締役の報酬等を定めることは，監査役設置会社の取締役の報酬規制と同じである（361条1項）が，監査等委員である取締役とそれ以外の取締役とを区別して報酬等を定めなければならず（361条2項），株主総会において，監査等委員である取締役は，その報酬等について意見を述べることができる（361条5項）点は異なる。また，定款の定めまたは株主総会の決議で監査等委員各自の報酬等を区別して定めていないときは，監査等委員の報酬等は，監査等委員である取締役の協議によって定めることになる（361条3項）。

さらに，監査等委員会が選定する監査等委員は，株主総会において，監査等委員である取締役以外の取締役の報酬等について監査等委員会の意見を述べることができる（361条6項）。これは，社外取締役が過半数を占める監査等委員会による経営評価機能とも評価される※。

※ 「監査等委員である取締役以外の取締役の報酬等」とは，取締役全員に支給する総額ではなく，個人別の報酬等を意味すると考えられ

る（江頭憲治郎『株式会社法（第6版）』585頁（有斐閣，2015年））。

(iv) **独立性確保**

上記のような監査等委員の地位に関する規制は，監査等委員が代表取締役をはじめとする取締役に対する監査機能を発揮するために，監査等委員以外の取締役からの独立性を確保する必要を考慮に入れたものである（前掲・坂本ほか「解説(II)」・22頁）。すなわち，監査等委員会は，取締役の職務の執行を監査し，監査報告を作成する権限を有する（399条の2第3項1号）ことから独立性をもって職務に当たることが求められる。そのため，監査等委員会

図3 監査等委員会との対比(2)

	監査役会設置会社における**監査役会**	監査等委員会設置会社における**監査等委員会**	指名委員会等設置会社における**監査委員会**
構成員の選任（選定）方法	株主総会で選任（329条1項）	株主総会で選任（329条2項）	取締役会で選定（400条2項）
任期	4年（336条1項） ※非公開会社では10年に伸張可能（336条2項）	2年（332条1項，4項）	1年（332条6項）
兼任制限	・会社の取締役，支配人その他の使用人 ・子会社の取締役，支配人その他の使用人，会計参与，執行役 （335条2項）	・会社の業務執行取締役，支配人その他の使用人 ・子会社の業務執行取締役，支配人その他の使用人，会計参与，執行役 （331条3項）	・会社の執行役，業務執行取締役，支配人その他の使用人 ・子会社の執行役，業務執行取締役，会計参与，支配人その他の使用人 （331条4項，400条4項）。
解任機関と要件	株主総会（343条4項，339条1項） 特別決議（309条2項7号かっこ書）	株主総会（344条の2第3項，339条1項） 特別決議（309条2項7号かっこ書）	株主総会（339条1項） 普通決議（341条）

を組織する監査等委員は，3人以上であるが，その過半数は社外取締役でなければならず（331条6項），また，監査等委員である取締役は，社外取締役でない者でも，その会社の業務執行取締役等を兼ねることができない（331条3項）とされているのはそのことの反映であるといえる。

また，監査等委員が監査等委員会の職務の執行に当たって必要な費用等を，監査等委員会設置会社に対して請求したときは，会社が当該費用等が監査等委員の職務の執行に必要でないことを証明した場合を除いて，請求を拒むことができないことも同様の趣旨の規制である（399条の2第4項）。

監査等委員会設置会社における監査等委員と，監査役会設置会社及び指名委員会等設置会社と対比したのが，**図3**である。これをみると，どちらかといえば監査役会設置会社に寄せて独立性を保障しようとしていることをみてとることができる。

(3) 監査等委員会の権限

(i) 監査等委員会の権限

監査等委員会の主な職務は，①取締役（会計参与設置会社にあっては，取締役および会計参与）の職務の執行の監査及び監査報告の作成，②株主総会に提出する会計監査人の選任及び解任並びに会計監査人を再任しないことに関する議案の内容の決定，③会社法342条の2第4項（監査等委員である取締役以外の取締役の選任等）及び361条6項（監査等委員である取締役以外の報酬等の決定）に規定する監査等委員会の意見の決定である（399条の2第3項1号）。これらは大別して，(i)監査に関する権限（a・b）と(ii)監督に関する権限（c）に分けられる。

　　a　監査に関する権限一般

監査等委員会は，取締役（会計参与設置会社にあっては，取締役及び会計参与）の職務の執行の監査をし，監査報告（436条2項2号）を作成する。

監査等委員会は，監査役会設置会社とは異なり独任制の機関ではなく，指名委員会等設置会社における監査委員会と同様に会議体として組織的な監査を行う。この監査の方法については，内部統制システムを利用することが想

定されている。すなわち取締役会が構築する内部統制システムが適切であるかに取締役会に運営されているかをチェックするとともに，内部統制システムを利用して情報を収集して監査を行うものである（前掲・坂本ほか「解説(Ⅱ)」・23頁）。

　監査等委員は取締役であるため，監査等委員会の監査権限も，違法性監査権限にとどまらず，妥当性監査権限も有する。これは，監査等委員である取締役以外の取締役の選任等や報酬等の決定について監査等委員会が意見を決定しなければならばないことからも明らかである。

　　b　監査委員会による監査権限の行使

　監査委員会を通じた監査権限の行使の細目をみて行くこととしたい。特徴となるのは，監査委員会は，独任制機関である監査役会設置会社と異なり，委員会を通じて監査権限を行使していることである。

　　(a)　調査権限

　監査等委員会が選定する監査等委員は，いつでも，取締役（会計参与設置会社にあっては，取締役及び会計参与）及び支配人その他の使用人に対し，その職務の執行に関する事項の報告を求め，または監査等委員会設置会社の業務及び財産の状況の調査をすることができる（399条の3第1項。ただし，357条3項，375条3項，397条4項）。

　また，監査等委員会が選定する監査等委員は，その子会社に対し事業の報告を求め，またはその子会社の業務及び財産の状況の調査をすることができる（ただし，当該子会社は，正当な理由があるときは，報告または調査を拒むことができる。399条の3第2項，3項）。

　これらについて，監査等委員会が選定する監査等委員は，当該各項の報告の徴収または調査に関する事項についての監査等委員会の決議があるときは，これに従わなければならない（399条の3第4項）。

　　(b)　監督是正権限

　監査等委員設置会社は，監査委員会設置会社とは異なり，独任制の機関ではない。そのため，次の権限の行使については，監査等委員会を通じた権限

行使が予定されている。

　(ア)　事前の措置

　監査等委員は，取締役が不正の行為をし，若しくは当該行為をするおそれがあると認めるとき，または法令若しくは定款に違反する事実若しくは著しく不当な事実があると認めるときは，遅滞なく，その旨を取締役会に報告しなければならない（399条の4）。また，各監査等委員は，取締役が監査等委員会設置会社の目的の範囲外の行為その他法令若しくは定款に違反する行為をし，またはこれらの行為をするおそれがある場合において，当該行為によって当該監査等委員会設置会社に著しい損害が生ずるおそれがあるときは，当該取締役に対し，当該行為をやめることを請求することができる（399条の6第1項）。

　(イ)　事後の責任追及における会社の代表権限

　監査等委員会設置会社が選定する監査等委員が，次の場合に，訴えにおいて会社を代表する。

　まず，取締役（取締役であった者を含む）に対して訴えを提起するか，逆に取締役が監査等委員会設置会社に対して訴えを提起する場合には，当該訴えについては，次の区分に応じて，監査等委員会設置会社を代表する者を定める（399条の7第1項）。すなわち，①監査等委員が当該訴えに係る訴訟の当事者である場合には，取締役会が定める者（株主総会が当該訴えについて監査等委員会設置会社を代表する者を定めた場合にあっては，その者），②①以外の場合にあっては，監査等委員会が選定する監査等委員である。

　また，株式交換等完全子会社の取締役等に対する責任追及の訴え，または，最終完全子会社等の取締役等に対する特定責任追及の訴えの場合において，会社を代表して訴えを提起するときに，監査等委員会が選定する監査等委員が当該監査等委員会設置会社を代表する権限を有する（399条の3第3項，4項）。

　(c)　報告義務

　さらに，監査等委員会設置会社は，株主への報告義務を負う。

(399条の2〜)

NO.18　監査等委員会設置会社制度

　まず，監査等委員は，取締役が株主総会に提出しようとする議案，書類その他法務省令で定めるものについて法令若しくは定款に違反し，または著しく不当な事項があると認めるときは，その旨を株主総会に報告しなければならない（399条の5，会施規110条の2）。監査等委員である取締役は取締役会のメンバーであるため，まず，(b)(ア)で述べた取締役会に報告するが，監査等委員会設置会社には指名委員会と報酬委員会が置かれないことから，株主総会にも報告すべき義務を課したのである（前掲・坂本ほか「解説(Ⅱ)」・24頁）。これは，監査役と同様の規定である（384条後段参照）。

　また，監査等委員会設置会社は，各事業年度毎に，監査報告の作成が義務付けられる（399条の2第3項1号，436条2項1号，会施規130条の2）。その内容は，指名委員会等設置会社における監査委員会の監査報告と同様の内容であり（会施規131条），委員会を通じた監査であることが前提とされている。

　(d)　会計監査人の選任等に関する議案の内容の決定権限

　監査等委員会は，株主総会に提出する会計監査人の選任及び解任並びに会計監査人を再任しないことに関する議案の内容を決定する権限を有する（399条の2第3項2号）。会計監査について，会計監査人との連携を強化するためである。

　(ii)　**監督に関する権限**

　監査等委員会設置会社は，監査等委員である取締役以外の取締役の選任等（342条の2第4項）及び監査等委員である取締役以外の報酬等の決定（361条6項）を行う権限を有する。

　前者は，指名委員会等設置会社における指名委員会の権限までには及ばないが，社外取締役が過半数を占める監査等委員会の意見を経営に反映させようとするものである（前掲・江頭・584頁）。

　後者も，(2)(iii)で前述したとおり，指名委員会等設置会社における報酬委員会の権限までは及ばないが，監査等委員会の意見を経営に反映させようとする仕組みである。

　また，監査等委員会は，会計監査人の報酬等を定める場合には，監査等委

員会の同意を得なければならない（399条3項）。

　以上の監査等委員会設置会社の権限をまとめたのが，**図4**である。

図4　監査等委員会との対比(3)

	監査役会設置会社における**監査役会**	監査等委員会設置会社における**監査等委員会**	指名委員会等設置会社における**監査委員会**
監査権限の範囲	適法性監査（ただし学説上争いあり）	適法性監査＋妥当性監査	適法性監査＋妥当性監査
監査の方法	独任制	組織監査	組織監査
取締役等に対する報告請求権，業務等調査権，子会社調査権	独任制であり，各監査役が行使（381条2項，3項）	監査等委員会が選定する監査等委員が行使（399条の3第1項，2項）	監査委員会が選定する監査委員（405条1項，2項）
取締役会に対する報告義務	各監査役の義務（382条）	各監査等委員の義務（399条の4）	各監査委員の義務（406条）
取締役等の違法行為差止請求権	各監査役が行使（385条1項）	各監査等委員が行使（399条の6第1項）	各監査委員が行使（407条1項）
会社と取締役（執行役）との訴えにおける会社の代表者	各監査役（386条）	監査等委員会が選定する各監査等委員（399条の7）	監査委員会が選定する監査委員（408条）
株主総会への報告義務	各監査役（384条）	各監査等委員（399条の5）	なし
取締役等に対する報告請求権，業務等調査権，子会社調査権	独任制であり，各監査役が行使（381条2項，3項）	監査等委員会が選定する監査等委員が行使（399条の3第1項，2項）	監査委員会が選定する監査委員（405条1項，2項）
会計監査人の選解任・不再任についての権限	議案内容の決定権（344条3項）	議案内容の決定権（399条の2第3項2号）	議案内容の決定権（404条2項2号）
会計監査人の報酬に関する権限	同意権（399条2項）	同意権（399条3項）	同意権（399条4項）

NO.18　監査等委員会設置会社制度

(4) 監査等委員会の運営
(i) 招集

　監査等委員会は，各監査等委員が招集する（399条の8）。招集権者を特定の者に限定しない趣旨である（坂本ほか・前掲「解説(Ⅱ)」・25頁）。

　監査等委員会を招集するには，監査等委員は，監査等委員会の日の1週間（これを下回る期間を定款で定めた場合にあっては，その期間）前までに，各監査等委員に対してその通知を発しなければならず※，また，監査等委員の全員の同意があるときは，招集の手続きを経ることなく開催することができる（399条の9第1項，2項）。

> ※　これは，監査役会における招集手続と同様に招集通知の発出期間の短縮は定款で定めることを要求するものである（392条1項）。他方，指名委員会等設置会社における監査委員会では取締役会で定めた場合である（411条1項）。

(ii) 報告・説明

　取締役は，会社に著しい損害を及ぼすおそれのある事実があることを発見したときは，直ちに，当該事実を監査等委員会に報告しなければならない（357条3項）。

　また，取締役（会計参与設置会社にあっては，取締役及び会計参与）は，監査等委員会の要求があったときは，監査等委員会に出席し，監査等委員会が求めた事項について説明をしなければならない（399条の9第3項）。必要に応じて説明させる反面，監査等委員でない取締役には監査等委員会への出席権を認めない趣旨である（前掲・坂本ほか「解説(Ⅱ)」・25頁）。

(iii) 決議等

　監査等委員会の決議は，議決に加わることができる監査等委員の過半数が出席し，その過半数をもって行う（399条の10第1項）。ただし，この決議について特別の利害関係を有する監査等委員は，議決に加わることができない（399条の10第2項）。

　これは，監査役会における決議と同様に決議要件を法定しているものであ

り（393条1項），決議要件の加重を認めないことで，監査等委員の議決権の価値を維持しようとするものである※。

　なお，取締役，会計参与または会計監査人が，監査等委員の全員に対して監査等委員会に報告すべき事項を通知したときは，当該事項を監査等委員会へ報告することを要しない（399条の12）。

> ※　他方，指名委員会等の決議については，取締役会で過半数以上の割合を定めることができるとしている（412条1項）。

(iv) **議事録**

　監査等委員会の議事については，議事録を作成しなければならない（399条の10第3項，4項）。監査等委員会の決議に参加した監査等委員であって議事録に異議をとどめないものは，その決議に賛成したものと推定される（399条の10第5項）ので，注意が必要である。

　議事録は，監査等委員会の日から10年間，本店に備え置かなければならない（399条の11第1項）。監査等委員会設置会社の株主及び親会社社員は，その権利を行使するため必要があるときは，裁判所の許可を得て，また，監査等委員会設置会社の債権者が取締役または会計参与の責任を追及するため必要があるときは，議事録の閲覧・謄写を請求することができる（399条の11第2項～4項）。

　ただし，監査等委員でない取締役については，閲覧・謄写請求の対象から外れており，監査等委員の独立性を保証しようとしている※。

> ※　これは，監査役会における決議と同様に決議要件を法定しているものであり（394条2項～4項），委員以外の取締役にも閲覧・謄写請求権を認める指名委員会等設置会社の規律とは異なる（413条2項）。

　以上の監査等委員会設置会社の運営に関する規制の主なものをまとめたのが，**図5**である。

(5) 監査等委員会設置会社の利用勧奨策

　監査等委員会は，上記のように監査役会設置会社と指名委員会等設置会社のハイブリッドな機関設計であり，採用にはさまざまなメリットもあるが，

（399条の2～）

図5 監査等委員会との対比(4)

	監査役会設置会社における**監査役会**	監査等委員会設置会社における**監査等委員会**	指名委員会等設置会社における**監査委員会**
取締役会の招集請求権，招集権	各監査役の権限（383条2項，3項）	監査等委員会が選定する監査等委員の権限（399条の14）	監査委員会が選定する監査委員の権限（417条1項，2項）
事実の報告義務者	取締役（357条2項）	取締役（357条3項）	執行役（419条）
決議要件	過半数決議（393条1項）	過半数出席の過半数決議（399条の10第1項）	過半数出席の過半数決議（412条1項）※定款で要件を加重できる。
監査報告の作成者	各監査役が作成し，その上で監査役会報告も作成（381条1項，390条2項1号）	監査等委員会による監査報告のみ（399条の2第3項1号）	監査委員会報告のみ（404条2項1号）

　定款自治で各会社の判断で利用するかどうかを決めるため，わざわざ慣れた制度から新制度へと移行するとは限らない。

　そこで，改正会社法は，監査等委員会設置会社へと移行させるために利用勧奨策を設けている。これは監査役会設置会社にも，指名委員会等設置会社にも見られない独自の制度である。これらの制度を理解した上で，実務上，利用するかどうかを各会社で判断すべきである。

(i)　**取締役への業務執行の決定権の委任**

　　a　監査等委員会における取締役会の業務執行決定の一般則

　まず，業務執行に関する意思決定の一般則を述べた後に，利用勧奨策を検討するのがわかりやすい。

　監査等委員会設置会社の取締役会は，①監査等委員会設置会社の業務執行の決定，②取締役の職務の執行の監督，並びに，③代表取締役の選定および解職を職務とする（399条の13第1項）。①については，(i)経営の基本方針，

(ⅱ)監査等委員会の職務の執行のため必要な事項，および(ⅲ)内部統制システムの構築が義務付けられる（会施規110条の4）。監査等委員会設置会社では，取締役会を通じた監督体制（モニタリング・モデル）を指向し，取締役会が業務執行の監督を行う際の基本方針を定めるとともに，監査等委員会は内部統制システムを利用した組織的な監査を行うための体制を整備※することを明らかにしている（前掲・坂本ほか「解説(Ⅱ)」・26頁）。

①に関して，監査等委員会設置会社の取締役会は，(ⅰ)重要な財産の処分及び譲受け，(ⅱ)多額の借財，(ⅲ)支配人その他の重要な使用人の選任及び解任，等のほか重要な業務執行の決定を取締役に委任することができない（399条の13第4項）。これらについては，監査役会設置会社における取締役会の意思決定権と同様の規律である。

監査等委員会設置会社についても，特別取締役に重要な意思決定権限を委任することもできる（373条）。

また，監査等委員会設置会社においては，招集権者の定めがある場合であっても，監査等委員会が選定する監査等委員は，取締役会を招集することができる（399条の14）。これも監査等委員会による監督機能の実効性を高めるための制度ということができる。

※ そのため，監査等委員会設置会社については，大会社に限らず，内部統制システムの構築が義務付けられている。

b 取締役への業務執行の決定権の委任

これに対し，①監査等委員会設置会社の取締役の過半数が社外取締役である場合，または，②定款の定めがある場合には，取締役会の決議によって，法定の「重要な業務執行」の決定※を取締役に委任することができるとしている（399条の13第5項，6項）。これは，監査等委員会設置会社に特有の規律である。

「重要な業務執行」として法定されているもの（399条の13第5項各号）は，指名委員会等設置会社において執行役に委任することができる事項（416条4項各号）と基本的に同様である。

このように委任を認める趣旨は、監査等委員会設置会社制度は業務執行者に対する監督機能の強化にあり、業務執行者の監督により専念することができるようにするためには取締役会で決定すべき事項をできるだけ狭くすることが相当であり、そのために大幅な委任を認めたものと説明されている（前掲・坂本ほか「解説(Ⅱ)」・26頁）。

なお、①・②の場合については、特別取締役に重要な意思決定権限を委任することはできない（373条1項括弧書）。

> ※ ②「定款の定め」がある場合には、「重要な業務執行」の決定の全部または一部を取締役に委任できる。「一部」とは、定款に個別的に委任できる事項を列記する場合であり、「全部」とは、何事であれその都度取締役会の決議により委任できる旨を定めるのが、その一類型である（前掲・江頭・579頁注(3)）。

(ⅱ) 監査等委員会の承認と利益相反取引の任務懈怠推定規定

監査等委員会設置会社についても、取締役の責任に関する規律は、他の機関設計の場合と大きく異なるところはない。ただし、利益相反取引について取締役の任務懈怠を推定する規定の適用については異なる。

取締役と会社との間で利益が相反する取引（356条1項2号、3号）によって会社に損害が生じた場合には、一定の取締役には任務懈怠を推定することとされている（423条3項）。これに対し、利益相反取引について取締役の任務懈怠を推定する規定は、監査等委員以外の取締役が当該取引について監査等委員会の承認を受けたときは適用しないこととしていること（423条4項）。

これは監査等委員会設置会社に特有の規定であり、監査等委員会の構成が過半数を社外取締役とし、(2)(ⅰ)(ⅲ)で前述したように監査等委員以外の取締役の指名や報酬に関する意見陳述権を有していることから、独立した立場で監督権限を行使することができることが期待されたためであると説明される（前掲・坂本ほか「解説(Ⅱ)」・24頁）が、端的には監査等委員会設置会社の利用勧奨策であると評価することができる（岩原紳作「『会社法制の見直しに関する要綱案』の解説(Ⅰ)」商事法務1975号8頁（2012年）、前掲・江頭・580～581頁）。

Ⅳ　経過措置

(1) 社外取締役の要件

　監査等委員会設置会社は今回の改正によって新設される制度であるため，経過規定が直接規律される部分は少ないが，関係するのは社外取締役の要件であろう。

　社外取締役については，旧会社法2条15号の要件を満たしている社外取締役は，改正法の施行後最初に終了する事業年度に関する定時株主総会の終結の時までは，従前の規律を満たしていれば良いこととしている（附則4条）。これは，改正後に，改正法の要求する社外取締役の要件を満たす社外取締役候補者を確保することが難しいため，時間的な猶予を与えるものである。

　監査等委員会設置会社では，監査等委員である取締役は，3人以上で，その過半数は社外取締役でなければならないため（331条6項），改正会社法施行後に監査等委員会設置会社への移行を検討している会社は留意する必要がある。

(2) 既存の会社から監査等委員会設置会社への移行

(ⅰ) 機関の変更と変更登記の必要

　既存の株式会社が監査等委員会設置会社へと移行するためには，株主総会の特別決議により，監査等委員会を置く旨の定款変更をする必要がある（326条2項）。この定款変更をした場合には，取締役の任期は，当該定款の変更の効力が生じたときに満了する（332条7項）ため，この定款変更と合わせて，監査等委員である取締役を3人以上（その過半数は社外取締役でなければならない）選任しなければならない（331条6項）。

　このほか，監査等委員会設置会社では，会計監査人の選任も必要である（327条5項）ため，その選任をする必要がある（329条1項）。ただし，監査役を置くことはできず（327条4項），また指名委員会等設置会社を置くこともできない（327条6項）ので，これらについては定款規定を削除する必要がある。

NO.18　監査等委員会設置会社制度

(ii)　登記事項

　監査等委員会設置会社に関する登記事項は，①監査等委員会設置会社である旨，②監査等委員である取締役及びそれ以外の取締役の氏名，③取締役のうち社外取締役であるものについて，社外取締役である旨，並びに，④Ⅲ(5)(i)bで述べた会社法399条の13第6項の規定による重要な業務執行の決定の取締役への委任についての定款の定めがあるときは，その旨，である（911条3項22号）。②が登記事項となっているのは，監査等委員である取締役については，取締役の地位と監査等委員の地位が不可分であることとの関係で，その指名に関する登記の方法についても，監査等委員である取締役とそれ以外の取締役と区別する必要があるためである（前掲・坂本ほか「解説(Ⅱ)」・27頁）。

(iii)　いつから移行ができるか

　監査等委員会を置く旨の定款の変更については，改正法の施行前に開催される株主総会において，改正法の施行日から定款の変更の効力が生ずる旨の始期付きで定款の変更を行っておけば，当該施行日から監査等委員会設置会社となることが可能である（前掲・坂本ほか「解説(Ⅱ)」・28頁）。

(3)　監査等委員会設置会社の新設

　改正法の施行と同時に監査等設置会社を新設できるかどうかも問題となる。これについては認められないと解されている（前掲・坂本ほか「解説(Ⅱ)」・28頁）。その理由は，株式会社を設立するには，原始定款を作成して公証人の認証を受ける必要があるが（30条1項），改正法の施行前の原始定款では認証を受けることができないためである。

　したがって，改正法の施行日以降に公証人の認証を受ける必要がある点に留意する必要がある。

（大久保　拓也）

NO.19 取締役及び監査役の責任の一部免除
425条～

> **改正のポイント**
>
> 　社外取締役・社外監査役の要件の厳格化に伴い，責任限定契約を締結できる対象の範囲や最低責任限度額の区分を当該株式会社の業務執行を行うかどうかで区別した。
> ◆代表取締役，業務執行取締役等でない取締役及び監査役は，社外取締役，または社外監査役でない場合でも責任限定契約を締結できる（427条1項）ようになった。
> ◆代表取締役・業務執行取締役等でない取締役の最低責任限度額を社外取締役でない場合でも現行会社法の社外取締役と同額とした（425条1項1号ハ）。

I　これまでの制度

(1)　責任の一部免除

　旧会社法では，取締役，会計参与，監査役，執行役または会計監査人（以下「役員等」という）がその任務を怠ったときは，株式会社に対し，賠償責任を負う（423条1項）とされているが，役員等が職務を行うにつき，善意でかつ重大な過失がないときは，(i)ないし(iii)の方法により賠償額を一部免除できるとしている。

（i）　株主総会の特別決議（309条2項8号，425条1項）

　株主総会の特別決議により，賠償責任額から最低責任限度額（425条1項1号2号，後述）を控除して得た額を限度として，その役員等の責任を免除できる。

（ii）　定款の定めに基づく取締役・取締役会の決定（426条）

　取締役が2人以上でありかつ監査役設置会社（2条9号）においては，定

NO.19　取締役及び監査役の責任の一部免除

款に定めること（426条1項）によって，取締役会設置会社（2条7号）においては取締役会の決議によって，また取締役会設置会社以外の会社の場合は取締役の過半数の同意により，役員等の責任を損害賠償責任額から最低責任限度額（425条1項1号2号）を控除して得た額を限度として免除できる。

　(i)と異なり，責任を発生させる役員等の行為がなされる前に，定款により，取締役会または取締役に一部免責権限を授権するものである。

　(iii)　**責任限定契約（427条）の締結**

　株式会社は定款に定めることによって，定款で定めた額の範囲内であらかじめ会社が定めた額（例えば，定款に「1,000万円以上の範囲内」と定めた場合，当該取締役等の責任限度額として1,000万円以上の金額を定めなければならない）と法定の最低責任限度額（425条1項1号2号）とのいずれか高い額を限度として賠償責任を負う旨の責任限定契約を締結できる。

　(ii)においては，役員等にとって定款の定めがあっても，取締役・取締役会が本当に免除の決定をするのか否か，免除額がいくらになるのか不確実性が残るのに対し，この制度の下では事前に任務懈怠による過失責任（善意無重過失）の賠償限度額が確定できることから，責任限定契約を締結すれば賠償責任の上限額が分らないとの不安を除去することできる。

　ただ，(iii)について，旧会社法は(i)(ii)と異なり，責任限定契約を締結できる役員等を，社外取締役，会計参与，社外監査役，または会計監査人に限定していた。

(2)　**最低責任限度額**

　また旧会社法は賠償責任を一部免除する場合の最低責任限度額について①と②を合計した額（賠償責任額から①と②合計した額を控除して得た金額を限度として得た金額を限度として，その責任を免除できる）と定め（旧法425条1項1号2号）ている。

①　当該役員等がその在職中に株式会社から職務執行の対価として受け，または受けるべき財産上の利益（報酬，退職慰労金等）の1年当たりの額に相当する額として法務省令（会施規113条1号2号）で定める方法に

より算定される額に次のイからハの区分に応じその数値を乗じて得た額
　イ　代表取締役・代表執行役　　　6
　ロ　イ以外の取締役（社外取締役は除く）・執行役　　4
　ハ　社外取締役・会計参与・監査役・会計監査人　　2
②　当該役員等が当該株式会社の新株予約権を引き受けた場合における当該新株予約権に関する財産上の利益に相当する額として法務省令（会施規114条1号2号）で定める方法により算定される額

以上のとおり，責任を一部免除する場合の最低責任限度額につき社外取締役を社外取締役以外の取締役より低く設定している。

(3) 責任限定契約を締結できる役員等の限定

役員等の責任の一部免除について(1)(i)(ii)の場合は役員等の範囲に限定はないが，旧会社法は(1)(iii)の責任限定契約を株式会社と締結できる取締役及び監査役を社外取締役及び社外監査役に限定している。

II　改正の経緯

(1) 社外取締役の資格

(i) 改正前会社法の規定

旧会社法は，社外取締役の資格について，取締役で，現在，その会社または子会社の業務執行取締役・執行役・使用人ではなく，かつ，過去に，その会社または子会社の業務執行取締役・執行役・使用人になったことがないもの（旧法2条15号）。また，社外監査役の資格について，監査役で，過去にその会社または子会社の取締役・会計参与・使用人となったことがないものとされている（旧法2条16号）。

(ii) 資格要件の厳格化

これによれば，例えば，株式会社の親会社の取締役もしくは執行役または支配人その他の使用人，株式会社とその親会社を共通する兄弟会社の業務執行取締役等（業務執行取締役・執行役・支配人その他の使用人を指します。以下同じ），及び株式会社の業務執行取締役の配偶者や2親等の親族などは，当

該株式会社の社外取締役や社外監査役になれた。

しかし，親会社の取締役・執行役・支配人その他の使用人や兄弟会社の業務執行取締役等は，当該株式会社の業務執行者が当該株式会社の利益を犠牲にして親会社の利益を図ることについて実効的に監督し，是正を図ることは一般に困難である。また当該株式会社の業務執行者と経済的利益を同一にする配偶者や2親等の親族は，当該業務執行者が自己またはその近親者の利益を図ることを実効的に監督し是正を図ることは一般に困難である。こうしたことから，改正会社法施行後，これらの者は社外取締役になれないことになった（2条15号）。

また社外監査役についても，同様の理由から，親会社の取締役・監査役・執行役・支配人・その他の使用人や兄弟会社の業務執行取締役等，及び株式会社の業務執行取締役の配偶者や2親等の親族は改正会社法の施行後は社外監査役になれないことになった（2条16号）。

すなわち，改正会社法においては社外取締役や社外監査役の要件を旧会社法より厳格化したのである（詳しくは本書第Ⅳ章参照）。

(2) 責任限定契約を締結できる者の見直し

既述のとおり，旧会社法427条1項は，いわゆる責任限定契約を締結できるものを社外取締役，会計参与，社外監査役，または会計監査人に限定しており，社外取締役でない取締役や社外監査役でない監査役は締結できないことになっている。そのため，社外取締役及び社外監査役の要件を厳格化した改正会社法のもとでも，この規定を維持するならば，改正会社法の施行の前までなら社外取締役または社外監査役として当該株式会社と責任限定契約を締結することができたものが，社外取締役または社外監査役の要件を充たさなくなって，責任限定契約を締結できなくなる場合が生じる。

これでは将来，取締役や監査役が過失により株式会社に対し賠償責任を負った場合に最低責任限度額すなわち自分が最高いくら負担すればよいのかをあらかじめ確定することによって，広く人材の確保，活用を図ろうとする旧会社法427条1項の趣旨が没却されるおそれがある。

このことから改正会社法は社外取締役及び社外監査役の要件の厳格化に伴い，株式会社と責任限定契約を締結できるもの範囲を見直すものである。
ⅲ　最低責任限度額の見直し
　社外取締役及び社外監査役の要件の厳格化に伴い，これまで社外取締役とされた者も社外取締役の要件を充たさない場合があり，旧会社法のままでは，旧会社法425条1項1号ハの社外取締役から，ロの代表取締役以外の取締役（社外取締役を除く）に該当し，最低責任限度額が増額されることになる。しかし，当該取締役にあっては，業務執行に関与することはないことから，賠償責任が発生するリスクを自らコントロールできる立場にあるとはいえないことにおいて，従前の立場とまったく変わりがないにもかかわらず，最低責任限度額が増額されることになるのは不当であるとの理由で，社外取締役の要件の厳格化に伴い，最低責任限度額を見直すものである。

Ⅲ　改正の詳細～責任限定契約を締結できる者の範囲の拡大

(1)　責任限定契約の意義
　取締役や監査役のなかには，当該会社の業務執行は行わずに，当該業務執行の監査・監督機能を実効的に行うため，その者が有する会社経営や特定の専門分野等についての知識や経験を当該業務執行に対する監査や監督に活かすことを期待され選任された者も含まれている。
　このような取締役や監査役は，改正会社法のもとで社外取締役または社外監査役でない場合であっても，みずから業務執行を行わず，もっぱら会社の業務執行に対する監査，監督を行うことを期待されており，しかも業務執行を行わないことから，株式会社に対する賠償責任が発生するリスクを自ら十分にコントロールできる立場にあるといえない点については，今回の改正で要件を厳格化した社外取締役または社外監査役と同様である。
　また当該株式会社にとって，業務執行を行わずに会社の業務執行の監査・監督を実効的に行うことができる人材の確保をするためには，自ら会社に対し賠償責任を負う限度額を責任限定契約によって事前に確定することで，あ

らかじめ過失による任務懈怠による損害賠償の負担リスクを限定するようにすることが適切である。

(2) 責任限定契約を締結できるもの

そこで改正会社法は，責任限定契約を締結できるものかを社外取締役か社外監査役かで決めるのではなく，当該株式会社の業務執行を行うかどうかで区別することとし，当該株式会社の業務執行取締役等ではない取締役で社外取締役でないものや子会社の業務執行取締役及び社外監査役でない監査役についても，会社と責任限定契約を締結できることになった。その結果，責任限定契約を締結できる者は，改正会社法427条1項により①取締役（業務執行取締役等※を除く），②会計参与，③監査役，④会計監査人となった（①②③④を「非業務執行取締役等」という）。

> ※ 業務執行取締役とは，代表取締役，代表取締役以外の取締役であって，取締役会の決議によって取締役会設置会社の業務を執行する取締役として選定されたもの（例えば専務，常務取締役）及び当該株式会社の業務を執行したその他の取締役である（2条15号イ）。

(3) 責任限度契約の締結

したがって株式会社は，責任限定契約を締結できる非業務執行取締役を定款に定めることによって，定款で定めた額の範囲内で会社があらかじめ定めた額と最低責任限度額（425条1項1号2号）とのいずれか高い額を限度とする責任の限度額を限定する責任限定契約を締結できる（427条第1項）。

なお，株式会社が非業務執行取締役等と責任限定契約を締結する時に，責任限度として会社が定めた額については，事後に当該非業務執行取締役の同意なしに変更はできない。当該非業務執行取締役等が予測しない額の賠償責任を負うおそれがあるからである。

(4) 責任限定契約を締結できる資格の喪失

(i) 将来効

非業務執行取締役等が責任限定契約を締結した場合は，その後当該株式会社の業務執行取締役等に就任した場合は，締結できる資格を失うことから，

当該責任限定契約は将来に向かって効力を失う。
　(ii)　改正会社法427条2項
　なお，旧会社法427条2項は，責任限定契約を締結した社外取締役等（社外取締役，会計参与，社外監査役，会計監査人）が，当該株式会社またはその子会社の業務執行者（業務執行取締役，執行役，支配人その他の使用人）に就任した場合は，社外取締役の要件等を欠き，責任限度契約を締結できる資格を失ったことから，責任限定契約も将来に向かって失効すると規定していた。
　しかし改正会社法427条2項は非業務執行取締役が当該株式会社の子会社の業務執行取締役等に就任したとしても，当該株式会社と責任限定契約を締結できることから，子会社の業務執行取締役等に就任したとしても，旧会社法と異なり，改正会社法のもとでは責任限度契約の効力を失うことはない。

(5)　登記事項の削除
　旧会社法911条3項25号及び26号は責任限定契約の定款の定めが社外取締役または社外監査役であった場合は，取締役のうち社外取締役である者の氏名や監査役のうち社外監査役である者の氏名について登記事項としていた。しかし改正会社法で社外取締役や社外監査役かどうかで責任限度契約を締結できるかを区別することはなくなったことから，同項25号及び26号を削り，これらを登記事項としないことにした。

(6)　実務への影響
　(i)　変更登記の申請が不正なケース
　改正会社法の施行前に定款に社外取締役または社外監査役との間で責任限定契約を締結できる旨の定めている株式会社において，改正後も責任限定契約を締結する対象を要件が厳格となった社外取締役または社外監査役だけに限定する場合は，改正会社法の施行後も定款の変更や当該定款の定めにかかる変更登記の申請は不要である。
　なお，既述のとおり，改正会社法の施行後も責任限定契約を締結できる範囲を社外取締役や社外監査役に限定する株式会社は，社外取締役及び社外監

査役の要件が厳格になったことから，当該取締役がその要件を充たさず予測しない賠償金を課せられる虞もあるので，株式会社と責任限定契約を締結する者がその要件を充たすか十分に注意する必要がある。

(ii) **変更登記の申請が必要なケース**

これに対し，そのような株式会社が改正施行後は，その対象を社外監査役だけではなく業務執行取締役等ではない取締役，または社外監査役だけではない監査役まで広げようとする場合は，これらの者と新たに責任限定契約を締結する前に，その旨の定款の定め（427条1項）を設ける定款変更と当該定款の定めにかかる変更登記の申請が必要となる（911条3項25号）。

Ⅳ 改正の詳細～最低限度額の見直し

(1) 見直しの必要性

既述のとおり，株式会社の取締役や監査役のなかには，当該会社の業務執行は行わずに，当該業務執行の監査・監督機能を実効的に行うことを期待され，選任された者も含まれている。このような取締役や監査役は，社外取締役または社外監査役でない場合であっても，みずから業務執行を行わず，もっぱら会社の業務執行に対する監査，監督を行うことを期待されており，またその責任が発生するリスクを自ら十分にコントロールできる立場にあるといえない点については，今回の改正で要件を厳格化した社外取締役または社外監査役と同様であり，最低責任限度額の区分を社外取締役等に求めるのは適切ではないとされた。

(2) 最低責任限度額の見直し

改正会社法425条1項は，代表取締役以外の取締役または監査役の最低責任限度額を区別する基準を社外取締役または社外監査役であるかではなく，業務執行を行っているかどうかに求め，旧会社法425条1項1号ロ・ハは次の様に改正され業務執行取締役等以外の取締役及び監査役は，改正前の社外取締役と同額となった。

　イ　代表取締役又は代表執行役　　　6

ロ　代表取締役以外の取締役（業務執行取締役等であるものに限る。）又は代表執行役以外の執行役　　4
　ハ　取締役（イおよびロに掲げるものを除く。）会計参与，監査役又は会計監査人　　2

(3)　実務への影響

　後述のとおり，経過措置により取締役，監査役等の改正会社法の施行前の行為による損害賠償責任にかかる最低責任限度額については，改正会社法では社外取締役及び社外監査役かどうかで責任額を区別した改正前の規律が適用される。したがって改正会社法が施行される前に社外取締役に該当しない非業務執行取締役や社外監査役ではない監査役に対する株主代表訴訟が提起されていた場合，一部免除額は改正会社法により軽減された最低責任限度額でなく，旧会社法の基準が適用されるので注意を要する。

V　経過措置

(1)　旧会社法911条3項25号及び26条の規定による登記（社外取締役または社外監査役である者の氏名の登記）の取扱いについて

　当該取締役または監査役の任期中は当該登記を抹消する必要はない（附則22条2項）。

　旧会社法911条3項25号及び26号を改正会社法は削除していることから本来ならば，これらの登記がある株式会社は当該登記を抹消する必要がある。しかし社外取締役及び社外監査役は引き続き責任限定契約を締結することができること，また後述のとおり改正法の施行前の取締役または監査役等の行為について責任限度に関する契約の締結については，改正会社法は適用されず従前の例によるとしたことから，当該取締役または監査役の任期中はあえて抹消する必要はないとされた。

(2)　改正会社法の施行前の行為についての責任限定契約の取扱い

　改正前は契約を締結できる資格がなかった取締役，監査役等の改正会社法の施行前の行為について，責任限定契約を締結できる対象範囲を拡大した改

正会社法の規定は適用されず，社外取締役及び社外監査役に限定した改正前の規律が適用されることになる（附則16条前段）。したがって，株主が社外取締役でない取締役に対し，改正会社法施行前の行為について株主代表訴訟が提起した場合，当該取締役が施行後，非業務執行取締役等として株式会社と責任限定契約を締結したとしても適用されず，賠償額が減額されることはない。

(3) 改正会社法施行前の行為についての最低責任限度額

　旧会社法では社外取締役または社外監査役以外の非業務執行取締役や監査役の改正会社法の施行前の行為について，改正会社法が適用され株主総会の特別決議によりその責任額が軽減されると，改正前の責任額が賠償されると期待した株主の期待を裏切ることになる。そこで改正会社法施行前の行為については最低責任限度額を軽減した改正会社法の規定は適用されず，改正前の規律によることとしている（附則16条前段）。

　　　　　　　　　　　　　　　　　　　　　　　　　　　　（木屋　善範）

第 5 編　事業譲渡・組織再編に関する改正

No.20 親会社による子会社の株式等の譲渡
467条

> **改正のポイント**
>
> ◆親会社が子会社の株式（持分）を譲渡することによって，実質的に事業譲渡と異ならない結果になるときは，事業譲渡と同様に，株主総会決議が必要となった。

I これまでの制度

旧会社法においては，株式会社がその子会社の株式等（株式または持分）を譲渡しようとする場合に，株主総会の承認が必要である旨の明文の規定は設けられていなかった。

II 改正の経緯

株式会社が，その子会社の株式等を譲渡することにより，株式等の保有を通じた当該子会社の事業に対する直接の支配を失う場合には，事業譲渡と実質的に異ならない影響が当該株式会社に及ぶ。具体的には，親会社が子会社の株式の全部または一部を譲渡することによって，子会社の議決権の総数の過半数の議決権を有しないこととなる場合などがある。

したがって，このような子会社の株式等の譲渡については，事業譲渡と同様に，株主総会の決議による承認を要することとするのが相当であると指摘されていた。

III 改正の詳細

改正会社法では，株式会社の子会社の株式等の全部または一部の譲渡で

あって，①当該譲渡により譲り渡す株式等の帳簿価額が当該株式会社の総資産額として法務省令で定める方法により算定される額の5分の1（これを下回る割合を定款で定めた場合にあっては，その割合）を超え，かつ，②当該株式会社が，効力発生日において当該子会社の議決権の総数の過半数の議決権を失うこととなる場合に，事業の全部または重要な一部の譲渡に準じて，株主総会の特別決議による承認を要求する（467条1項2号の2イ・ロ，309条2項11号）。なお，株式買取請求権による保護も，事業譲渡の場合と同様に与えられる（469条1項）。

(1) 子会社の株式等の帳簿価額が株式会社の総資産額の5分の1を超えること（467条1項2号の2イ）

事業譲渡については，譲り渡す資産の帳簿価額が小さければ，当該株式会社に及ぶ影響は小さくなる。また，常に株主総会の決議を要するものとすると，取引の迅速性が害される。そこで，現行法では，事業譲渡につき，原則として，株主総会の決議による承認を要することとしつつ，当該譲渡により譲り渡す資産の帳簿価額が当該株式会社の総資産額の5分の1を超えない場合には，株主総会の決議による承認を受けることは要しないこととしている（467条1項2号）。

事業譲渡と同様に，株式会社がその子会社の株式等を譲渡する場合にも，当該株式等の帳簿価額が小さければ，当該譲渡が当該株式会社に及ぼす影響は比較的小さいものにとどまり，また，常に当該株式会社の株主総会の承認を要するものとすると，取引の迅速性が害される。

そこで，株式会社がその子会社の株式等を譲渡する場合についても，事業譲渡についての467条1項2号の規定を参考にして，譲り渡す子会社の株式等の帳簿価額が株式会社の総資産額の5分の1を超える場合に限り，株主総会の決議による承認を要することとした（467条1項2号の2イ）。

(2) 当該株式会社が，効力発生日において当該子会社の議決権の総数の過半数の議決権を有しないこと（467条1項2号の2ロ）

Ⅱにおいて前述したとおり，子会社の株式等の譲渡により事業譲渡と実質

NO.20　親会社による子会社の株式等の譲渡

的に異ならない影響が当該株式会社に及ぶと考えられるのは，株式等の保有を通じた当該子会社の事業に対する直接の支配を失う場合などが想定される。そして，株式会社が株主総会の決議による承認が必要であるにもかかわらず，これを得ずにその子会社の株式等を譲渡した場合には，当該譲渡の効力に影響が生じ得ることとなることから，子会社の株式等の譲渡の結果，当該株式会社が当該子会社の経営に対する直接の支配を失ったといえるための要件は，客観的かつ形式的な基準によって定めることが相当である。

したがって，直接の支配を失う場合の要件として「親会社」（2条4号）であるかどうかを基準とすることは，親会社の定義上，株式会社の議決権の過半数を有する法人のほか，株式会社の経営を支配している法人として法務省令で定めるもの（会施規3条2項，3項参照）が含まれており，子会社の株式等の譲渡の効力発生日においてなお親会社であるかどうかを客観的かつ形式的に判断することは，必ずしも容易ではないことから，相当ではない。

そこで，467条1項2号の2ロは，株式会社が，効力発生日において子会社の議決権の総数の過半数の議決権を有しないときに限り，株主総会の特別決議による承認を要することとしている（坂本三郎『一問一答平成26年改正会社法』224頁（商事法務，2014年））。

事業譲渡につき，判例（最大判昭和40年9月22日民集19巻6号1600頁）は，①一定の事業目的のため組織化され，有機的一体として機能する財産の譲渡であり，②これにより事業活動の承継があり，③譲渡会社が競業避止義務を負う結果を伴うもの，という3つの要件を課している。

また，旧会社法において，会社が保有する株式を譲渡する際には，通常「重要な財産の処分及び譲受」（362条4項1号）であるとして，取締役会決議が必要とされるものにすぎず，かかる決議がなかった場合であっても，取引行為は，相手方においてかかる決議を経ていないことを知りまたは知ることができたときでない限り，有効であるとされてきた。

それに対して，改正会社法は子会社の事業が特定の者に移転する場合だけを規制対象にしているわけではなく，競業避止義務の存在も考慮されていな

いため，株式の譲渡を通じた実質的な子会社の事業の譲渡を事業譲渡と完全に同一のものとして取り扱っているわけではない。

また，親会社による子会社株式等の譲渡に当たり，株主総会決議を欠いた場合には，同決議を欠く事業譲渡の効力と同様，絶対的に無効となる（最判昭和61年9月11日判時1215号125頁）。そのため，467条1項2号の2イ・ロの要件該当性の判断が極めて重要となる。

新会社法では，子会社株式等の譲渡を通じた実質的な事業譲渡だけを規制することが目的であったところ，前記のとおり，事業譲渡との違いが生じているため，留意が必要である。

Ⅳ　経過措置

株式会社による子会社の株式等の譲渡については，効力発生日の前日までに，当該株式会社の株主総会の承認を受けなければならない（467条1項2号の2）。

しかし，新会社法の施行日前に譲渡にかかる契約が締結された場合には，改正前の規律を前提に，子会社の株式等の譲渡に向けた一連の手続きが開始されたものといえる。そのため，かかる状況に改正後の新たな規律を適用すると，株主総会による承認を得るために株主総会を招集しなくてはならず，契約締結時に予測していた以上の時間的，費用的な負担が生じる等，当該譲渡の当事者その他の利害関係者に予期せぬ不利益を与えるおそれがある。

また，改正会社法では，所定の要件を満たす特別清算手続中の株式会社による子会社の株式等の譲渡については，裁判所の許可を要することとしている（536条1項3号）。これは，当該譲渡につき，旧会社法では535条1項1号の規定による裁判所の許可または監督委員の同意を要することとされているものを，536条1項の規定による裁判所の許可を要することに改めるものである。

しかし，改正会社法の施行日前に子会社の株式等の譲渡にかかる契約が締結された場合に，535条ではなく536条が適用されると，監督委員の同意によ

る代替が認められなくなるほか，知れている債権者や労働組合等の意見聴取（896条）が必要となり，追加の株主総会決議が必要となる場合と同様に，契約締結時に予期していた以上の時間的，費用的な負担が生じる等，当該譲渡の当事者その他の利害関係者に予期せぬ不利益を与えるおそれがある。

そこで，新会社法の施行日前に子会社の株式等の譲渡にかかる契約が締結された場合における当該譲渡については，改正会社法467条1項及び536条1項の規定にかかわらず，なお従前の例によることとした（附則17条）。

（鬼頭　俊泰）

詐害的な会社分割・事業譲渡における債権者の保護

23条の2,759条,761条,764条,766条

改正のポイント

◆吸収分割会社が承継されない債権者を害することを知って会社分割をした場合には,当該債権者は,吸収分割承継株式会社に対して,債務の履行を請求することができる。

◆商法上の営業譲渡,会社法上の事業譲渡について,譲受会社に承継されない債権者を害する詐害的な事業譲渡が行われるおそれがあることから,承継されない債権者の保護規定を新設した。

I これまでの制度

(1) 詐害的な会社分割の意義

詐害的な会社分割により,分割会社の債権者が害される事件が散見されていた。

「詐害的な会社分割」とは,分割会社が,承継会社等に債務の履行を請求することができる債権者と当該請求をすることができない債権者(残存債権者)とを恣意的に選別した上で,承継会社等に優良事業や資産を承継させるなどの残存債権者を害する会社分割をいう(補足説明54頁)。

会社分割の効果は,合併と同じく一般承継であるが,合併と異なり,分割会社が承継会社等に承継させる権利義務を選択できる。そのため,優良事業のみを承継会社等に承継させということが可能となる。

また,会社分割において分割されるのは,事業譲渡における「事業」でなく,「事業に関して有する権利義務の全部または一部」とされているため,事業単位で権利義務を移転することが不要となる。そのため,移転させる権利義務を細かく選別できることになる。

(23条の2,759条,761条,764条,766条)

(2) 会社分割において異議を述べることのできる債権者

さらに，会社分割において，異議を述べることができる債権者は，①分割会社の債権者のうち会社分割後に分割会社に対し債務の履行を請求できなくなる者（789条1項2号，810条1項2号），②分割会社が分割対価である株式等を株主に分配する場合における分割会社における分割会社の債権者（789条1項2号括弧書，810条1項2号括弧書），③承継会社の債権者（799条1項2号）に限定されている。

①の場合，分割会社の債権者は，免責的債務引受けまたは債務者の交替による更改（民法514条）を受けるのと同様であるため，異議を述べることができる。②の場合，分配可能額による制約が課されず（792条，812条），債権者の債権回収可能性に影響が生じるため，債権者異議手続が認められている。③の場合，承継会社の債権者は，吸収合併の存続会社の債権者と同じ立場になり，多額の負債を承継することにより，承継会社における債権回収が図れなくなることを防止するために，承継会社に対し異議を述べることができる。

(3) 分割会社の残存債権者の保護

他方，残存債権者は，分割会社が承継会社等から，適切な分割対価を取得しており，債権回収への影響が乏しいと考えられ，会社分割に異議を述べられないこととされている。すなわち，分割会社の残存債権者には，新設会社に移転した財産的価値に見合った対価を分割会社が取得していることを理由として，債権者異議手続による保護が与えられていない。しかし，実際には，分割会社は，承継会社等の株式を分割の対価として取得するものの，承継会社等が増資し，分割会社の承継会社等に対する持株比率を低下させたり，承継会社等の株式を売却することによって，実際上，適正な分割の対価を取得したとはいいがたい状態が生じていた。そして，残存債権者は，上述のとおり，債権者異議手続が認められない結果として，分割無効の訴えの提訴権（828条2項9号，10号）も否定され，救済手段がないことになってしまった。

裁判例（東京高判平成21年1月26日金判1363号30頁）においても，新設分割

無効の訴えの原告適格は,「新設分割について承認をしなかった債権者」に限定されていて,「新設分割について承認をしなかった債権者」とは,新設分割の手続き上,新設分割について承認するかどうか述べることができる債権者,すなわち,新設分割に異議を述べることができる債権者(810条1項2号)と解している。そして,裁判例は,その反面,新設分割に異議を述べることができない債権者は,新設分割について承認するかどうか述べる立場にないから,新設分割無効の訴えを提起することができないが,新設分割無効の訴え以外の方法で個別に救済を受ける余地があるから,不当な事態は生じないとしている。

(4) 「履行の見込み」の開示で足りること

また,平成17年会社法制定前には,各会社の「債務ノ履行ノ見込アルコト」(旧商法374条の2第1項3号,374条の18第1項3号)は,会社分割の実体法上の要件とされており,登記実務がその規定に基づき,分割会社,承継会社・設立会社のいずれかが帳簿上債務超過であると分割登記を受理しなかった。しかし,会社法下では,「履行の見込み」の開示で足りるため(会施規183条6号,192条7号,205条7号),分割会社が債務超過となる会社分割も認められるようになり,詐害的な会社分割が可能となった。

かかる状況を原因として,詐害的な会社分割という事象が生じた。

II　改正の経緯

旧会社法では,詐害的な会社分割において承継されない債権者の保護を図るための方策の一つとして,民法上の詐害行為取消権(民法424条)が用いられていたところ,民法上の詐害行為取消権が行使された場合,判例上,逸出した財産の現物を返還することが原則とされているが,吸収分割承継会社が,吸収分割会社から承継した事業を構成する資産を返還しなければならないとすると,吸収分割承継会社における当該事業の継続及び当該事業に係る従業員や取引先等の利益を害する結果となるおそれがある。

また,吸収分割承継会社が吸収分割会社から承継した事業を継続している

ため，承継した資産の内容が変動しており，承継されない債権者が，吸収分割承継会社に承継された資産を特定してこれを返還させることは著しく困難である。

そのため，判例では，価格賠償によることが認められているが，そうであれば，承継されない債権者の保護を図るために会社分割そのものを取り消すまでの必要はなく，端的に，承継されない債権者は，吸収分割承継会社に対して，債務の履行を直接請求することができることとすることが直截かつ簡明であると考えられる。

Ⅲ　改正の詳細

改正会社法では，吸収分割会社が承継されない債権者を害することを知って会社分割をした場合には，当該債権者は，吸収分割承継株式会社に対して，債務の履行を請求することができることとしている（759条4項）。

また，これと同様，持分会社に権利義務を承継させる吸収分割及び株式会社または持ち分会社を設立する新設分割のいずれについても，詐害的な会社分割により害される承継されない債権者の保護規定を新設している（761条4項，764条4項，766条4項）。

このほか，事業譲渡についても，譲受会社に承継されない債権者を害する詐害的な事業譲渡が行われる恐れがあることから，承継されない債権者の保護規定を新設している（23条の2）。また，商法上の営業譲渡についても，同様の規定を新設している（整備法による改正後の商法18条の2）。

(1) 総　論

詐害的な会社分割に対しては，上述の裁判例により様々な救済手段が認められ，とりわけ詐害行為取消権の行使により，分割会社の残存債権者の救済が図られてきた。

もっとも，詐害的な会社分割における残存債権者の保護は，詐害行為取消権のような民法の一般原則に委ねるだけではなく，会社法にも規定を設けることが適切であるとの指摘がなされていた（中間補足55頁）。また，裁判例

は，詐害的な会社分割につき，詐害行為取消権行使後の原状回復の方法につき，価額賠償が認めているものの，判例上，逸出した財産の現物返還が原則とされている（大判昭和9年11月30日民集13巻23号2191頁等）。そのため，詐害的な会社分割における残存債権者の保護としては，承継会社等に対して金銭の支払を直接請求することができるものとすることが適切かつ直截簡明である（中間補足55頁）。そこで，裁判例において認められた詐害行為取消権における価額賠償の救済方法を参考にしつつ，詐害的な会社分割に係る行為を取り消すことなく，承継会社等に対して，債務の履行を請求することができる制度が創設されることになった。

平成26年会社法改正において新設された詐害的な会社分割における債権者の保護のための制度（以下「本制度」という）により，分割会社が残存債権者を害することを知って会社分割をした場合には，残存債権者は，承継会社等に対し，承継した財産の価額を限度として債務の履行を請求することができることとなった（759条4項～7項，761条4項～7項，764条4項～7項，766条4項～7項）。

(2) 残存債権者

本制度により，残存債権者として救済される者は，会社分割の債権者であって承継会社等に承継されない債務の債権者である。詐害的な会社分割において，債権者異議手続が認められず，会社法上の救済が受けられなかった分割会社の債権者である。

他方，分割会社に請求できなくなる分割会社の債権者，人的分割の場合の分割会社の債権者及び承継会社の債権者には，それぞれ債権者異議手続が認められていることから，残存債権者とならず，本制度による保護はない。

(3) 請求の範囲

本制度により，残存債権者が承継会社等に請求できる限度である「承継した財産の価額」は，承継した積極財産の総額であり，そこから承継した債務の価額を差し引いた価額ではないとされている（前掲・岩原要綱案解説〔V〕・10頁）。

NO.21　詐害的な会社分割・事業譲渡における債権者の保護

　その理由としては，形式的には，「財産」という用語，実質的には，承継した債務の価額を控除すると，詐害的な会社分割による会社財産の流出によって残存債権者の債権回収の可能性が損なわれないようにするという，本制度の目的を達成できないことにある。本制度による請求の範囲は，詐害的な会社分割について詐害行為取消権の行使を認めた裁判例と同様である。
　もっとも，承継した積極財産の総額から，承継した債務の価額を差し引かないと，詐害的な会社分割を契機として，分割会社の残存債権者のみが債権回収を図ることができ，吸収分割における承継会社の既存債権者が害されるという問題が生じ得る。この問題点に対しては，まず，承継会社の債権者は，分割会社または承継会社の事前開示事項（782条1項，施行規則183条，794条1項，施行規則192条等）を踏まえて，承継会社が責任を負う可能性があると考えられる会社分割について異議を述べることによる救済が可能である（789条1項2号，799条1項2号等）（「補足説明」57頁）。次に，「残存債権者を害すべき事実を知らなかったときはこの限りでない」とされていることから，承継会社の既存債権者としては，承継会社の取締役等に対し任務懈怠責任（429条1項）を追及することによって救済を受けることができる（議事録18回43頁〔内田修平関係官発言〕）。

(4)　「害する」の意味
　会社分割が残存債権者を「害する」ものであるかについては，詐害行為取消権について定める民法424条1項本文の「債権者を害する」法律行為と同様と解されている（中間補足56頁）。
　裁判例（前掲東京地判平成22年5月27日，東京高判平成22年10月27日）においては，無資力の新設分割会社が，業績不振の事業を切り離し，その他の事業を生かすために，無担保の資産のほとんど及び債務の一部を新設分割設立会社に承継させること等を内容とする新設分割をしたという事案において，分割会社が会社としての実体を失ったこと，分割会社が取得した設立会社の株式が非上場株式会社の株式であり，流動性が乏しく，保全が困難であり，強制執行も困難であることを認定した上で，新設分割について詐害性が認めら

れている。

新設分割においては，分割会社が詐害性について悪意である以上，承継会社の設立時の認識は問題とならない。

(5) 効　果

本制度は，詐害的な会社分割において，承継会社等にいわゆる物的有限責任（承継した財産の価額を限度とする責任）を課すものであり，詐害行為取消権の行使に基づき逸出財産の価額賠償が認められた場合と類似の効果を認めることとになる（中間補足56頁）。他方，詐害行為取消権においては，前述の最高裁により，現物返還が認められている。

また，本制度では，詐害行為取消権と異なり，裁判外での請求も可能となっている。

「承継した財産の価額を限度として」という限定は，訴訟において，相続財産の限定承認の場合と同様に，承継した財産の限度でいくらを支払えという判決主文を書くことを意味している（議事録22回18頁〔鹿子木康委員，坂本三郎幹事発言〕）。

(6) 行使期間

本制度における請求が認められる2年と20年のいずれも，除斥期間と解されている（中間補足56頁）。請求のほかに，その予告を認めているのは，残存債権者の分割会社に対する債権に条件や期限が付されているなどするために，残存債権者が，分割会社が残存債権者を害する会社分割をしたことを知った時から2年以内に請求をすることができない場合がありうることを考慮したためである（22条3項参照）（中間補足57頁）。

(7) 既存の救済手段との関係

学説上，本制度が設けられても，詐害的な会社分割につき民法424条等による会社債権者保護を認めてきた従来の裁判例のような救済が否定されることはなく，従来の裁判例による救済と併存すると解されている（前掲・岩原要綱案解説〔V〕・14頁注48，前掲・江頭株式会社法・904頁）。

もっとも，詐害行為取消権では，現物返還請求が認められているが，本制

度においては，現物返還が認められていない。そこで，本制度と詐害行為取消権とで，現物返還の可否につき，何らかの調整がなされるべきかが問題となる。この点につき，学説上，基本的には本制度による救済が優先するが，現物返還が望ましい場合に限って詐害行為取消しを認めるという限定が可能であればその限りで可能性を残し，それが難しければ常に改正規定による救済を優先すべきとする見解がある（笠原武朗「組織再編」法学教室402号32頁（2014年））。

また，法人格否認の法理は，その補充性から，本制度による解決が可能な場合には適用すべきではないが，本制度では対処が難しい場合には適用される余地があるとする学説もある（前掲・笠原「組織再編」・33頁）。承継会社等が承継した資産より，残存債権者の被保全債権額が大きく，本制度と法人格否認の法理による救済のいずれも主張された場合には，福岡高判平成23年10月27日金法1936号74頁と同様に，承継会社等が承継した資産の範囲内での救済として本制度が法人格否認の法理に優先して適用されることもあり得よう。

(8) **倒産法との調整**

本制度において，破産，民事再生，会社更生といった倒産手続の開始後は，残存債権者の権利行使は認められず，流出資産の回収は専ら管財人（民事再生においては，原則は再生債務者）による否認権の行使に委ねることになる。本制度において，倒産手続開始後に，残存債権者の個別の権利行使を認めないこととしたのは，分割会社の債権者間の平等を図るためである（議事録22回20頁以下〔鹿子木康委員〕等，議事録23回17頁〔宮崎雅之関係官説明〕等）。その結果として，本制度において，残存債権者は，倒産手続が開始されると，請求権を行使できなくなり，破産法45条2項の場合のように破産管財人が訴訟手続を受け継ぐといったことはありえないことになる。この点は，詐害行為取消権を行使する場合と異なることになる。

(9) **差押えの競合**

本制度において，倒産手続開始前に，複数の残存債権者の請求が重なって，

承継財産の価額を超える場合の解釈につき問題が生じ得ることになる。この点については，差押えが競合すれば債権の額に応じて案分することになるし，差押えに至っていない場合は，承継会社が任意の判断により，支払うことになるとの見解がある（議事録22回18頁〔鹿子木康委員の質問に対する坂本三郎幹事発言〕）。

(10) 類似の制度

詐害的な会社分割が行われた場合と同様の状況が，詐害的な事業譲渡や商人間の営業譲渡においても生じ得る。そこで，事業譲渡や商人間の営業譲渡においても，本規定と同様の規定が設けられている（23条の2，24条，商法18条の2）。

IV 経過措置

新会社法の施行日前に吸収分割契約が締結され，または新設分割計画が作成された場合には，改正前の規律を前提に吸収分割または新設分割に向けた一連の手続が開始されたものといえる。このような場合に，改正後の新たな規律を適用すると，吸収分割承継会社または新設分割設立会社が，これらの会社に承継されない債務の債権者から債務の履行を請求され得るという本来予期していない事態が生じる可能性がある。

そこで，新会社法の施行日前に吸収分割契約が締結され，または新設分割計画が作成された吸収分割または新設分割については，なお従前の例によることとしている（附則20条）。

また，改正会社法及び整備法では，詐害的な事業譲渡または営業譲渡が行われた場合における承継されない債権者の保護規定を新設することとしているが（23条の2，整備法による改正後の商法18条の2），同様の理由から，改正会社法または整備法の施行日前に事業の譲渡または営業の譲渡にかかる契約が締結された場合におけるその事業の譲渡または営業の譲渡については，改正後の規定は適用しないこととしている（附則5条，整備法2条）。

（鬼頭　俊泰）

No.22 会社分割において分割会社に知れていない債権者の保護

759条，761条，764条，766条

改正のポイント

◆吸収分割会社に知れているかどうかにかかわらず，吸収分割に対して異議を述べることができる債権者であって，各別の催告を受けなかったものは，吸収分割契約の内容いかんにかかわらず，吸収分割会社及び吸収分割承継会社の双方に対して債務の履行を請求することができる。

I これまでの制度

旧会社法では，吸収分割会社の債権者が吸収分割について異議を述べることができる場合には，吸収分割会社は，債権者が異議を述べることができる旨等を公告し，かつ，異議を述べることができる債権者であって，吸収分割会社に知れているものには，各別の催告をしなければならない（789条2項）。その上で，当該公告を，官報に加えて，日刊新聞紙に掲載する方法または電子公告により行う場合には，不法行為によって生じた吸収分割会社の債務の債権者（不法行為債権者）を除き，各別の催告をすることを要しない（同条3項）。

そして，吸収分割について異議を述べることができる債権者のうち「各別の催告をしなければならないもの」が各別の催告を受けなかった場合には，当該債権者は，吸収分割契約において吸収分割会社または吸収分割承継株式会社のいずれか一方に対して債務の履行を請求することができないこととされているときであっても，その双方に対して債務の履行を請求することができることとされている（759条2項，3項）。

Ⅱ 改正の経緯

(1) 各別の催告をしなければならないもの

　会社分割においては，当事会社の分割・承継する権利義務の内容により，いずれかの当事会社の債権者の債権回収が困難となる可能性がある。そのため，当事会社の債権者には，債権者異議手続（789条1項，799条1項，810条1項）が用意されている。債権者異議手続においては，債権者に，会社分割に異議を述べる機会を与えるため，当事会社は，分割に関する事項とともに，債権者が一定の期間内に異議を述べることができる旨を官報に公告し，かつ，知れている債権者には，個別の催告をしなくてはならない（789条2項，799条2項，810条2項）。そして，債権者が所定の期間内に異議を述べなかった場合，会社分割を承認したとみなされる（789条4項，799条4項，810条4項）。他方，債権者が異議を述べた場合，会社は，弁済もしくは相当の担保の提供または弁済目的での相当の財産の信託をしなければならない（789条5項，799条5項，810条5項）。ただし，会社分割が債権者を害しないときは，弁済等は不要となる。

　旧会社法においては，会社分割について異議を述べることができる分割会社の債権者のうち，「各別の催告をしなければならないもの」が，各別の催告を受けなかった場合に，分割会社および承継会社等の双方に対して，債務の履行を請求することができるとされていた（旧法759条2項等）。

　もっとも，789条2項，3項の文言は，会社分割について異議を述べることができる不法行為債権者であって，分割会社に知れていないものに対しては，各別の催告を要しないとされているようにも読める。その結果として，会社分割について異議を述べることができる不法行為債権者は，「各別の催告をしなければならないもの」といえず，分割会社または承継会社等のいずれか一方に対してのみ債務の履行を請求することができるにとどまり，その双方に対して債務の履行を請求することは認められないおそれがあるとの指摘がされていた（中間補足説明55頁以下）。そのような解釈は，不法行為債権

者の保護の要請に反することになる。

(2) 吸収分割会社に知れていない債権者

いずれにしても，吸収分割会社に知れていない債権者については，吸収分割会社が各別の催告をする必要がないため，当該債権者は，官報公告のみが行われた場合（不法行為債権者にあっては，官報公告に加えて，日刊新聞紙に掲載する方法または電子公告による公告が行われた場合を含む）に，各別の催告を受けなかったとしても，759条2項または3項の規定の適用はなく，吸収分割契約の内容に従い，吸収分割会社または吸収分割承継会社のいずれか一方に対してしか債務の履行を請求することができないこととなる。

しかし，行われた公告の方法は同じであり，かつ，各別の催告を受けていないという点においても同じである（したがって，債権者が受領し得た情報にも差異がない）にもかかわらず，その債権者が吸収分割会社に知れているかどうかという吸収分割会社側の事情によって，債権者の保護のあり方に差を設ける合理的な理由はないと指摘されていた（坂本三郎『一問一答平成26年改正会社法』311頁（商事法務，2014年））。

Ⅲ 改正の詳細

会社分割について異議を述べることができる不法行為債権者であって，分割会社に知れていないものにつき，分割会社及び承継会社等の双方に対して，債務の履行を請求することができるか否かにつき，学説上は，双方に対して請求できるとされていた。もっとも，条文上不明確な点があったことから，立法により，不法行為債権者の保護をより確実なものとするために改正がなされることとなった（中間補足説明58頁）。

また，旧会社法においては，分割会社が官報公告のみをした場合，分割会社に知れていない債権者に対する各別の催告は不要であり，分割会社に知れていない債権者は，各別の催告を受けなかったとしても，分割会社または承継会社等のいずれか一方に対してしか履行の請求を行えないと解されていた。しかしながら，分割会社に知れている債権者の場合は，各別の催告がな

いと分割会社と承継会社等の双方の請求ができることと比較して，知れていない債権者の保護は充分であるとはいえなかった。

そこで，新会社法では，吸収分割会社に知れているかどうかにかかわらず，吸収分割に対して異議を述べることができる債権者であって，各別の催告を受けなかったもの（吸収分割会社が，官報公告に加え，日刊新聞紙に掲載する方法または電子公告による公告を行った場合には，不法行為債権者に限る）は，吸収分割契約の内容いかんにかかわらず，吸収分割会社及び吸収分割承継会社の双方に対して債務の履行を請求することができることとした（759条2項，3項）。

また，持分会社に権利義務を承継させる吸収分割が行われる場合及び株式会社または持分会社を設立する新設分割が行われる場合にも，同様の改正を行っている（761条2項，3項，764条2項，3項，766条2項，3項）。

Ⅳ　経過措置

改正会社法の施行日前に吸収分割契約が締結された吸収分割及び新設分割計画が作成された新設分割については，なお従前の例によることとしているため（附則20条），改正後の規定は，改正法の施行日以後に吸収分割契約が締結された吸収分割及び新設分割計画が作成された新設分割について適用されることとなる。

（鬼頭　俊泰）

NO.23 組織再編の差止請求
784条の2, 796条の2, 805条の2

改正のポイント

◆株主が不利益を受けるおそれのある組織再編に対する事前の救済策として、略式組織再編以外の組織再編一般（但し、簡易組織再編を除く）に対する差止請求制度が新設された。
◆株主は、組織再編行為が法令または定款に違反し、株主が不利益を受けるおそれがある場合には、会社に対して当該行為を止めることを請求できる。
◆経過措置により、合併等についての改正法の規律は、その施行日前に合併契約等が締結され、または組織再編計画等が作成された組織再編行為については適用されず、改正前の規律によることになる。

I これまでの制度

(1) 略式組織再編にのみ差止請求が認められた理由

　旧会社法は、株主や債権者が組織再編の効力を争う手段として、組織再編無効の訴えの制度を設けており（828条1項6号ないし12号）、少数株主の救済策として反対株主に株式買取請求権を認めている（785条、797条、806条）。このほか、略式組織再編（吸収合併型）の場合に限り、株主には略式組織再編をやめるよう請求できる権利が認められているが（784条2項、796条2項）、略式組織再編以外の組織再編については、差止請求を認める明文の規定はない。

　上記のとおり、略式組織再編の場合には、株主は、
　(a) 略式組織再編が法令もしくは定款に違反する場合、または消滅株式会社等の株主に交付する対価に関する事項が当事会社の財産の状況その他の事情に照らして著しく不当である場合であって、

(b)　株主が不利益を受けるおそれがあるとき，

当該略式組織再編の差止を請求することができるとされている（784条2項，796条2項）。このように，略式組織再編に限って株主による差止請求が認められているのは，吸収合併存続会社等が特別支配会社であることにより，消滅会社等における株主総会の承認が不要とされる略式組織再編では，株主が株主総会決議取消の訴え（831条1項）を提起して組織再編の効力を争うことができないため，少数株主の保護を図る必要があるからとされている（相澤哲『立法担当者による新・会社法の解説』199頁（別冊商事法務295号，2006年））。

(2)　改正前会社法で認められている差止請求とその異同

旧会社法において，株主に認められている差止請求には，大きく2つの類型がある。一つは，会社の損害の防止を主目的とする取締役（または執行役）の違法行為の差止請求であり（360条，422条），もう一つは，株主に生じる不利益の防止を主目的とする募集株式の発行（または募集新株予約権の発行）の差止請求である（210条，247条）（野村修也「組織再編─株式買取請求・差止請求」岩原紳作ほか『特集　会社法制のゆくえ』ジュリスト1439号61頁（2012年））。

　このうち，取締役の違法行為の差止請求は，

　　(a)　取締役が「会社の目的の範囲外の行為その他法令若しくは定款に違反する行為をし，又はこれらの行為をするおそれがある場合において」

　　(b)　会社に「回復することができない損害が生ずるおそれ」（監査役設置会社または委員会設置会社の場合）または「著しい損害が生ずるおそれ」（上記以外の場合）があるとき

に認められる（360条）。この差止請求の名宛人は，条文上「取締役」であり，会社の損害の防止に重点が置かれている。しかも，公開会社では，原則として，株主が6か月前から株式を継続保有することも要件とされている（360条2項）。

　これに対して，募集株式の発行等の差止請求は，

(a) 株式の発行または自己株式の処分が「法令又は定款に違反する場合」または「著しく不公正な方法により行われる場合」で
  (b) 「株主が不利益を受けるおそれがあるとき」

に認められる（210条）。この差止請求の名宛人は，条文上「株式会社」であり，株主の不利益の防止に重点が置かれている。

　略式組織再編の差止請求は，募集株式の発行等の差止請求と同じく，条文上「株式会社」が名宛人とされており，株主の不利益の防止に重点を置いた差止事由が定められている点で，募集株式の発行等の差止請求との共通性が認められる（森本滋編『会社法コンメンタール18―組織再編，合併，会社分割，株式交換等(2)』82頁〔柴田和史〕（商事法務，2010年））。

Ⅱ　改正の経緯

(1)　組織再編等の差止請求を創設した背景

　従来から学界を中心に，組織再編に差止請求を認めるべきとの主張がなされてきた。加えて，近時，完全子会社化やMBOなどが盛んに行われる状況が生じていることから，少数株主を保護するため，組織再編一般について，株主による差止請求を認める必要性があると指摘されている（会社法制部会第1回会議参考資料2「親子会社の規律についての主な指摘」3頁41，議事録34頁〔田中亘委員発言〕など）。

　旧会社法で認められている組織再編無効の訴え（828条）は，組織再編の効力を事後的に否定するものであるため，法律関係が複雑不安定となるおそれがあり，裁判所も取引の安全を考慮して無効原因を認めることに抑制的な傾向がみられることから，株主の救済手段として十分ではない（弥永真生ほか「会社法制の見直しに関する中間試案をめぐって〔下〕」商事法務1955号18頁（2012年））。このため，組織再編における少数派株主の救済は，基本的に反対株主の株式買取請求によらざるを得ない状況にある。しかし，株式買取請求は，当該請求をした株主に限定して，投下資本を回収する機会を付与するに過ぎず，不公正な組織再編行為（濫用的な少数派株主の締め出し等）を阻止する機

能まで期待することはできない。そこで，組織再編により株主に不利益が生じるおそれがある場合には，株主が当該組織再編をやめるよう請求することを認めて，その利益を全ての株主が享受できることにするべきではないかが問題となった。

(2) 改正前会社法の下での有力な解釈論と差止請求制度の議論

前述のとおり，改正前会社法においても，株主には，取締役の違法行為に対する差止請求が認められている（360条）。しかし，この差止請求は，会社に「回復することができない損害が生ずるおそれ」を要件としている。組織再編が著しく不当な条件で行われることにより，例えば，消滅会社等の株主が不利益を受けるおそれが生じることはあるが（株主が有していた合併消滅会社等の株式の価値より，合併対価として交付を受ける合併存続会社等の株式の価値が著しく低い場合など），これにより会社に回復することができない損害が生じることは一般には想定されない。したがって，このような場合に上記差止請求をすることは困難である。

そこで，組織再編行為につき，一般の差止請求を認める明文の規定を置いていない改正前会社法の下においても，特別利害関係人が議決権を行使することにより，著しく不当な条件による組織再編が株主総会で承認され，株主に不利益が生じるおそれがある場合には，株主は，株主総会決議取消の訴え（831条１項13号）を本案とする仮処分（仮の地位を定める仮処分）を申し立てることにより，組織再編の差止を請求できるという有力な解釈論が存在する（江頭憲治郎『株式会社法〔第４版〕』820頁注４（有斐閣，2011年），弥永真生「著しく不当な合併条件と差止め・損害賠償請求」黒沼悦郎＝藤田友敬編『（江頭憲治郎先生還暦記念）企業法の理論〔上巻〕』632～635頁（商事法務，2007年）），得津晶「民事保全法出でて会社法亡ぶ？―会社法に明文なき組織再編差止制度の可能性」法時82巻12号31頁（2010年））。

> ※ 株主総会の招集手続に瑕疵があった事案ではあるが，執行停止の仮処分を認めた裁判例として，甲府地判昭和35年６月28日判時237号30頁。

しかし，こうした解釈論に対しては，民事保全法の解釈として，仮処分の申立てにおいては，被保全権利（本案となる実体法上の請求権）が明確でなければならず，差止めを求める場合に被保全権利として疎明できるのは，個別的な規定に基づく差止請求権にほぼ限られるとする立場もあることから（瀬木比呂志「民事保全法〔第3版〕」349，350頁（判例タイムズ，2009年）），立法によって組織再編一般についても差止請求制度を導入すべきではないかが議論されることになった（中間試案第2部第5のA案，中間試案補足説明第2部第5（54頁），会社法制部会第7回会議議事録45頁〔中東正文幹事発言〕）。

(3) 差止請求の具体的な要件

組織再編について一般的な差止請求制度を明文で規定することにした場合には，その具体的な要件を定める必要がある。つまり，手続的な違法のほか，組織再編の条件（対価）が著しく不当であることを差止事由とすべきか否かが問題となる。

この点については，経済的に独立した取引主体間で組織再編が行われる場合には，当事会社間の交渉を通じて合理的な条件（対価）が決定されることを一般的には期待しうる。これに対して，支配従属関係にある主体間で組織再編が行われる場合には，多数派株主（あるいは，支配株主）と少数派株主との間に潜在的な利益相反関係が存在することから，対価の相当性を確保することによって，少数株主を保護する必要性が生じる。そして，対価が不当であるにもかかわらず，株主総会で組織再編を承認する特別決議がなされるのは，特別利害関係を有する者が議決権を行使した場合であると考えられるため，かかる特別利害関係人の議決権行使により，著しく不当な決議がなされるおそれがある場合を差止事由とするか否かが検討された（前掲・弥永ほか・17頁，中間試案第2部第5のA案（注1）参照）。

そして，議論の過程では，組織再編の差止請求が，実際には，仮処分命令申立事件として争われる場合が多いと考えられることから，裁判所が短期間の審理で組織再編における対価の相当性（著しく不当な決議か否か）を判断することは困難であるとの懸念が示された（法制審議会会社法制部会第7回会

議議事録49頁，同第12回会議議事録36頁，同第14回会議議事録32頁〔いずれも鹿子木康委員発言〕)。また，我が国ではいったん組織再編が差し止められてしまうと，その組織再編の条件を見直して再度組織再編を進めるということは考えにくく，組織再編自体を止めてしまうことになるとの指摘もあり，組織再編の実施に萎縮的効果を及ぼすおそれや差止請求が濫用される危険があることも考慮しなければならないとの指摘もあった（同第7回会議議事録44頁〔八丁地隆委員発言〕，前掲・弥永ほか・16，17頁〔坂本三郎発言〕）。

Ⅲ 改正の詳細

(1) 改正内容

改正法では，株主が不利益を受けることになる組織再編に対する事前の救済策として，略式組織再編以外の組織再編一般（ただし，簡易組織再編を除く）に対する差止請求制度が新設され，組織再編行為が(i)法令または定款に違反する場合において，(ii)株主が不利益を受けるおそれがあるときには，株主は会社に対し，当該行為を止めることを請求することができることになった（784条の2，796条の2，805条の2）。他方，新設された組織再編一般における差止請求では，「法令または定款に違反する場合」という手続的な違法だけが差止事由とされており，組織再編の対価に関する事項が著しく不当であることは，差止事由とされていない。この点で，対価に関する事項の不当をも差止事由とする略式組織再編の差止請求の場合とは，大きな差異がある（784条1号，2号，796条1号，2号）。

※1　略式組織再編の差止事由については，改正前の規律が改正法においても維持されている。

※2　なお，改正法の条文では，組織再編の差止請求について，略式組織再編の差止請求も含めて，会社法784条の2及び796条の2にまとめて規定され，略式組織再編の差止請求を定めていた旧会社法784条2項，796条第2項は，いずれも削除された。また「法令・定款違反」という組織再編一般に共通の差止事由は，略式組織再編の差止請求に関する規定（旧法784条2項1号）の文言を参考に定められたと

される(岩原紳作「『会社法制の見直しに関する要綱案』の解説〔V〕」商事法務1979号7頁（2012年）、坂本三郎ほか「平成26年改正会社法の解説〔IX・完〕」商事法務2049号21頁（注147）（2014年））。

(2) 「法令または定款に違反する」の意義

(i) 改正法における「法令」の解釈

　改正会社法により新設された組織再編一般の差止請求は、(i)「当該吸収合併等が法令または定款に違反する場合において、(ii)消滅株式会社等の株主が不利益を受けるおそれがあるとき」に「株式会社」に対する権利として認められる（784条の2。なお、796条の2、805条の2もこれに準じた条項となっている）。

　そして、差止事由としての法令定款違反における「法令」とは、会社を名宛人とする法令を意味し、取締役の善管注意義務や忠実義務の違反を含まないとされている。改正前会社法での略式組織再編の差止請求において、「法令」とは、会社を名宛人とする法令を意味し、取締役の善管注意義務や忠実義務を含まないと解されることから、組織再編一般の差止請求においても同様に解釈されると説明されている（前掲・坂本ほか・21頁、中間試案第2部第5（54頁）、法制審議会会社法制部会第14回会議議事録33頁〔高木弘明関係官発言〕）。

(ii) 会社法上の他の差止制度における「法令」の意義

　前述のとおり、会社法上、株主が行使できる差止請求には、2つの類型があるところ、会社を名宛人とする差止請求（募集株式の発行等、略式組織再編）と異なり、取締役を名宛人とする違法行為等の差止請求の場合には、差止めの対象とされる法令違反行為に取締役の善管注意義務（330条、民644条）または忠実義務（355条）の違反が含まれることについてはほぼ異論がない（田中亘「各種差止請求権の性質、要件および効果」神作裕之ほか編『会社裁判にかかる理論の到達点』13頁（商事法務、2014年）、太田洋ほか「組織再編等の差止請求制度」商事法務1988号16, 17頁（2013年）、落合誠一編『会社法コンメンタール8—機関(2)』32頁〔岩原紳作〕（商事法務、2009年）、東京地判平成16年6月23日

金判1213号61頁ほか)。また「法令」の解釈にこうした差異があるのは，募集株式の発行等の差止請求（220条）は，会社を名宛人とするが，取締役に対する善管注意義務または忠実義務の違反は，会社を名宛人とする法令の違反ではないと説明されている（酒巻英雄ほか編『逐条解説会社法(3)株式2・新株予約権』142頁〔伊藤靖史〕（中央経済社，2009年））。

しかし，会社は業務執行機関である取締役の行為を通じて活動するのであるから，上記理由の説得性には議論の余地がある（前掲・田中・15，16頁，太田洋ほか「組織再編等の差止請求制度とその論点」落合誠一ほか編『会社法改正要綱の論点と実務対応』174頁（商事法務，2013年））。むしろ，会社法210条の前身である商法280条の10が設けられた際，取締役の善管注意義務や忠実義務の違反が「法令」に含まれない理由として「単なる不公正な方法若しくは価額による発行の場合にはとくにその程度が著しい場合に限り差止請求をみとめる」ものと説明されていたことから，取締役の違法行為という通常の差止請求（360条）と異なり，募集株式の発行等や略式組織再編という個別的に認められた差止請求においては，「法令」違反による差止事由を限定すべき（善管注意義務違反というだけで差止を認めるべきではない）との実質的な判断があったと考えられる（前掲・田中・16頁）。そして，このように「法令」の意味を限定して解釈しても，募集株式の発行等および略式組織再編に対する差止請求では「法令または定款」違反とは別個に「著しく不公正な方法」あるいは「対価が…著しく不当」という差止事由が設けられているため，従来は「法令」自体の解釈をさほど議論する必要はなかったと思われる。

(iii) 取締役の善管注意義務または忠実義務の違反を理由として，組織再編行為の対価の不当性を争うことができるか

このたびの改正過程で示された中間試案（第2部第4のA案本文）は，「法令」には善管注意義務または忠実義務の違反が含まれないことを前提に起草され，こうした解釈が要綱にも妥当するとされている（前掲・岩原・解説〔V〕9頁，会社法制部会第18回会議議事録40，41頁〔橋爪信関係官発言，高木弘明関係官発言〕，中間試案補足説明第2部第5（54頁））。こうした中間試案の立

場は，実際には仮処分命令申立事件として行われる組織再編の差止では，裁判所が数日間という短期間のなかでの審理が求められることから，対価の不当性を差止事由とした場合には，実際上，裁判所が仮処分手続において審理することが困難であるとの指摘を踏まえたものである。つまり，組織再編一般の差止請求については，取締役の違法行為の差止請求（360条）と異なり，差止事由としての「法令又は定款」違反の意味を限定することにより，組織再編の対価に関する事項の不当性が取締役の善管注意義務または忠実義務の違反（法令違反）という法律構成を採ることによって争われることを回避したものと考えられる。

　以上の解釈によれば，組織再編一般の差止請求においては，取締役の善管注意義務または忠実義務の違反を理由として，組織再編行為の対価の不当性を争うことはできないことになる。

　(iv)　情報開示に不適切と評価される点が存在する場合に差止請求が認められるか
　このように，組織再編一般の差止事由が「法令又は定款に違反」することに限定され，差止請求の対象となるケースから対価が不当である場合が除かれたため，実際には，(a)株主総会の招集手続に瑕疵がある場合や(b)開示が必要とされる事項を開示せず，あるいは虚偽の記載が存在する場合などが差止めの対象になることが想定され，(a)の場合には，簡易組織再編に該当しないのに株主総会の承認等の手続を欠いた場合も含まれることになる（前掲・弥永ほか・18頁〔坂本三郎発言〕，前掲・太田・20頁）。

　これに対して，情報開示に不適切と評価される点が存在する場合，つまり，第三者機関の独立性に関する事項など開示が必要な事項か否かに争いがある事項の不開示や株主の判断に重要な影響を及ぼすような虚偽の余事記載がある場合などに差止請求が認められるか否かが解釈上問題となる。

　今後の組織再編の実務の状況ともかかわるが，裁判例によりに差止事由における「法令」の解釈基準が明らかにされることが期待される。なお，この点については，上記の場合にも差止の対象となるようなことになれば，組織再編の実務への大きな影響が懸念されるとの指摘がなされる一方で〔前掲・

太田・20，21頁），善管注意義務違反が法令違反に含まれないと解することに疑問をもつ立場からは，適切な情報開示がなされることが肝要であり，重要な情報の不開示を法令違反として捉えようとする解釈がなされていることも指摘されている（中東正文「組織再編等」岩原紳作ほか『特集会社法の改正』ジュリスト1472号48頁（2014年））。

> ※ さらに，立法論としてではあるが，合併条件の算出の基礎となった資料と作成した第三者評価機関の独立性に係る事項などを事前開示の対象とすることを指摘する立場もある（前掲・齊藤・129頁）。

(3) 著しく不当な条件で行われる場合と少数株主の救済

中間試案（第2部第4のA案注1）では，法令定款違反の場合に加えて，「特別利害関係を有する者が議決権を行使することにより，当該組織再編に関して著しく不当な株主総会の決議がなされ，または，なされるおそれがある場合であって，株主が不利益を受けるおそれがあるとき」にも，株主による組織再編の差止請求を認めるべきか否かについて，「なお検討する」とされていた。しかし，こうした差止事由は，改正法では採用されなかった。

> ※ 組織再編一般の差止請求を規定する会社法784条の2第2号及び796条の2第2号は「前条第1項本文に規定する場合において」との限定を付して，上記第2号の差止事由が略式組織再編（784条1項，796条1項）だけに適用され，略式組織再編以外の組織再編一般には適用されないことを明らかにしている。

仮に，こうした差止事由が認められた場合には，株主が特別利害関係人の議決権行使により著しく不当な決議がなされるおそれがある株主総会を，事前に差止める可能性が生じることになる。また，前記差止事由についての議論は，前述した有力な解釈論，すなわち，組織再編を承認する株主総会決議の取消の訴えを本案とする組織再編の差止めの仮処分申立てにつき，その本案となる実体法上の権利として，差止請求権を明文で規定することを検討するものであった（前掲・岩原解説〔V〕・9頁）。しかし，仮処分命令申立事件における数日間という短期間の審理のなかで，組織再編の対価の相当性を判

断することは困難であるとの裁判所等の反対が多く，改正法には採用されなかった（坂本三郎ほか「『会社法制の見直しに関する中間試案』に対する各界意見の分析〔下〕」商事法務1965号41頁（2012年），会社法制部会第7回会議議事録39頁以下〔鹿子木康委員発言〕），前掲・岩原解説〔Ⅴ〕・9頁）。

　　　　　　　※　もっとも，略式組織再編では，対価の著しい不当性が，募集株式の発行では，著しく不公正といった事項が裁判所の審査の対象となっており，裁判所の審理自体ができないわけではない。

　従って，組織再編の条件（対価）が不公正である場合には，株主としては，特別利害関係を有する株主による不当な議決権行使がなされたことを理由として，株主総会決議取消の訴え（831条1項3号）を提起するほかは，組織再編の差止をすることはできず，反対株主による株式買取請求権（785条，797条，806条）により，投下資本を回収する機会が付与されるだけということになる。もっとも，このたびの会社法改正により，組織再編一般について，対価の不当性等を理由とする差止請求権が会社法の明文で規定されなかったことは，組織再編の条件（対価）が不公正な場合に，株主が仮処分申立手続により差止を求めることを認める従来からの有力な解釈論を否定するものではないとされており（前掲・中東・47，48頁，中間試案補足説明第2部第5（54頁）），今後も解釈論上の問題として残されている。

(4) 簡易組織再編が除外されていること

　組織再編一般の差止請求が認められ，株主には「法令または定款に違反した場合において，株主が不利益を受けるおそれがあるとき」に差止請求が認められたが，簡易組織再編の場合（784条2項，796条2項，805条）は差止請求を認める規定の適用がない（784条の2ただし書，796条の2ただし書，805条の2ただし書）。これは，簡易組織再編の要件を満たす場合には，株主に及ぼす影響が軽微であるとして，株主総会の決議が不要とされていることから，株主に簡易組織再編の差止を認めるまでの必要はないと考えられたことによる（坂本三郎「平成26年改正会社法の解説〔Ⅸ・完〕」商事法務2049号21頁（2014年））。

※　なお，今回の改正により，存続会社等における簡易組織再編について，株式買取請求を認めないとの見直しがなされたことと同様の理由である。

　具体的には，(a)吸収合併型の消滅会社等のうち簡易吸収分割の場合が除外されている（784条の2ただし書）。また(b)吸収合併型の存続会社等では，簡易吸収合併等（吸収合併，吸収分割，株式交換）の場合が除外されているが（796条1項ただし書），①株主総会において795条2項各号の事項を説明しなければならない場合，②消滅会社等に交付する金銭等の全部または一部が譲渡制限株式である場合であって，存続株式会社等が公開会社でないとき（796条1項ただし書），または③簡易吸収合併等の場合において，反対通知により株主総会の承認を受けなければならない場合には，少数株主を保護するため，原則どおり株主による差止請求が認められている（796条の2ただし書の括弧書）。さらに(c)新設合併型の消滅会社等のうち，簡易新設分割の場合が除外されている（805条の2ただし書）。

(5)　差止請求と組織再編無効の訴え

　組織再編の差止仮処分命令に違反して組織再編が行われた場合については，(a)略式組織再編の差止仮処分命令に違反することが無効原因になると解されていること，及び(b)新株発行差止仮処分に違反して行われた新株の発行に無効原因があることを認めた判例（最判平成5年12月16日民集47巻10号5423頁）があることから，差止仮処分命令の違反は，当該組織再編の無効の訴えの無効原因になるとする立場が有力である（前掲・中東・49頁，齊藤真紀「不公正な合併に対する救済としての差止の仮処分」神作裕之『会社裁判にかかる理論の到達点』（商事法務，2014年），前掲・太田・19頁）。

　こうした立場では，改正により認められた法令違反の差止請求については，これを本案とする仮処分命令の申立をすることが可能であり，命令に違反して行われた組織再編の無効原因となることにより，差止請求を認めた実効性が担保されることになる。

(6) 組織再編以外の場合における差止請求制度の新設

(i) 新しい差止請求制度

　立法過程では，対価の適性さの確保とは異なる観点からの差止請求制度を創設することについても検討がなされた。そして，組織再編と同様にキャッシュアウトの手法として用いられる全部取得条項付種類株式の取得（171条の3），株式併合（182条の3）の場合についても，組織再編一般と同様の差止事由による差止請求制度を明文で規定した。

　また，改正法で新設された特別支配株主による株式売渡請求（179条）は，略式組織再編と同様に，特別支配株主の存在を前提とする制度であり，金銭を対価とする略式組織再編と類似の関係にある。そこで，売渡株主には，略式組織再編と同様の差止事由による差止請求が認められている（179条の7）。

(ii) 事業譲渡等に差止請求が設けられなかった理由

　これに対して，事業譲渡等の場合については，差止請求制度は設けられなかった。事業譲渡等については，会社法制定の際に，事業の全部または重要な一部の譲渡，他の会社の事業の全部の譲受け，事業の全部の賃貸等の場合については，いずれも差止請求の制度を設けていない。これは，事業譲渡等は，組織再編行為と異なり，純然たる取引行為であることによるものである。これに不服がある株主は，通常の違法行為差止請求により保護が図られることとなる（360条）と説明されており（前掲・相澤・199頁），改正法も同様の考えによるものと考えられる。

Ⅳ　経過措置

　組織再編に関する改正事項については，施行日前に合併契約等が締結され，または新設分割計画等が作成された合併等については，なお従前の例によるとの経過措置が設けられている（附則20条）。

　組織再編の差止請求については，合併契約等の締結，または新設分割計画等が作成されることにより，改正前の規律を前提として，組織再編に向けた一連の手続が開始されたものといえるので，手続の開始した組織再編に改正

後の規律を適用して，株主に差止請求を認めると，会社や株主その他の利害関係人の予測に反し，無用な混乱やコストを生じさせることになるからである（前掲・坂本・21頁）。

（深山　徹）

NO.24 組織再編・事業譲渡等における株式買取請求
469条〜，785条〜，797条〜，806条〜

> **改正のポイント**
> ◆振替株式の買取口座の制度の新設等，株式買取請求の撤回制限の実効化が図られた。
> ◆価格決定前の仮払の制度が新設されるとともに，株式買取請求による買取りの効力は，株式買取請求の発生原因である会社の行為（組織再編・事業譲渡等）の効力発生日に生じるとの見直しを行った。
> ◆簡易組織再編及び簡易事業譲渡の場合には，反対株主に株式買取請求権が認められないことにし，略式組織再編の場合には，特別支配株主に株式買取請求権を認めないことが明文で規定された。

I これまでの制度

旧会社法では，定款変更等の場合（116条）のほか，事業譲渡等（469条）及び組織再編（785条，797条，806条）の場合に，反対株主による株式買取請求権が認められている（河和哲雄ほか「株式買取請求権」江頭憲治郎ほか『会社法体系2』99頁（青林書院，2008年））。

(1) 組織再編，事業譲渡等における株式買取請求権
(i) 組織再編の場合

旧会社法では，株式会社が組織再編を行う場合に(a)吸収合併型の存続会社等及び消滅会社等，及び(b)新設合併型の消滅会社等の反対株主が一定の要件を満たすときは，株式買取請求が認められている（785条，797条，806条）。ただし，吸収分割及び新設分割の分割会社が簡易組織再編の要件を満たす場合だけは（会社分割により承継させる資産の帳簿価額の合計額が分割会社の総資産額の5分の1を超えないとき），反対株主の株式買取請求が認められていな

い（785条1項2号，784条3項，806条1項2号，805条）。こうした取扱いについては，吸収分割・共同新設分割においては，分割対価次第では分割会社に損害が生じ，ひいてはその株主が損害を被る可能性があり得るが，簡易分割ではその損害は軽微にとどまるから，反対株主に株式買取請求権を付与するまでの必要はないと説明されている（江頭憲治郎『株式会社法〔第3版〕』844頁（有斐閣，2009年））。

(ii) 事業譲渡等の場合

また，旧会社法では，株式会社が事業譲渡等を行う場合にも，原則として，反対株主に株式買取請求が認められている（469条）。ただし，ある事業の譲渡が「事業の重要な一部の譲渡」（467条1項2号）に該当しない場合（譲り渡す資産の帳簿価額が総資産額の5分の1を超えない場合（467条1項2号括弧書））には，当該譲渡会社の株主に株式買取請求を認めていない。これは，組織再編の簡易吸収分割における分割会社の株主に株式買取請求を認めていないのと共通の規律といえる。

(2) 買取りの効力発生時期

前述のとおり，旧会社法では，代金支払いを確実にするため，買取りの効力は，原則として代金支払時に生じるとされていた（470条5項，786条5項，798条5項，807条5項）。ただし，消滅会社等（吸収合併消滅会社，新設合併消滅会社，株式交換完全子会社，株式移転完全子会社）に係る株式買取請求は，組織再編の効力発生日または設立会社の成立の日に効力が生じるものとされている（786条5項，807条5項）。

II 改正の経緯

(1) 改正前の株式買取請求制度

旧会社法は，存続会社等における簡易組織再編の場合にも株式買取請求を認める一方で，分割会社における簡易組織再編の場合には，株式買取請求を認めていない。そして，存続会社等における簡易組織再編の場合に，株式買取請求が認められているのは，合併比率が著しく不公正な場合など，組織再

編により存続会社等の株主が不利益を受けることもあり得るためと説明されていた（前掲・江頭・844頁）。また，簡易組織再編の場合であっても，承継される事業等に潜在債務がある場合等，存続会社等の株主が大きな損害を被る可能性があるとの指摘もあった（前掲・江頭・808頁注1）。

加えて，簡易組織再編の要件を満たすことにより，株主総会の承認決議が不要とされる場合には，反対の議決権行使を株式買取請求権の要件とすることはできない。このため，旧会社法は，簡易組織再編の場合に「すべての株主」に株式買取請求を認めていた（785条2項2号，797条2項2号など）。

(2) 濫用の危険性に対する対処の必要性

しかし，こうした取扱いが，簡易組織再編および略式組織再編等において濫用事例が多く，弊害をもたらす一因であるとも考えられる（第7回議事録〔野村修也発言〕43頁参照）。つまり，(a)すべての株主が適用の対象となることから，株式の買取りに会社が予想した以上のコストが発生して組織再編を中止せざるを得なくなったり，組織再編の実施に萎縮的な効果をもたらすおそれがある。また，(b)会社が特定の株主から株式を取得するために，自己株式の取得手続（160条）によることなく，簡易組織再編を行うことにより，株式買取請求権を行使させて，株主の満足する価格で株式を買い取るといった会社側による濫用の危険も指摘されている（十市崇ほか「反対株主による株式買取請求権〔上〕」商事法務1898号90頁（2010年），小池岳志「株式買取請求権が発生する組織再編の範囲」岩原紳作ほか『会社法施行5年　理論と実務の現状と課題』131，132頁（ジュリスト増刊，2011年））。

そこで，存続会社等において，簡易組織再編の要件を満たす場合には，存続会社等の株主への影響は軽微であり，反対株主に株式買取請求権を与える必要性は乏しいとも考えられることから（会社法制部会第7回会議議事録37，38頁〔髙木弘明関係官発言〕），簡易組織再編及び簡易事業譲渡の場合には，株式買取請求権を認めないとすべきではないかについて検討がなされた。

Ⅲ　改正の詳細

(1)　株式買取制度の見直し

(i)　買取口座制度の新設，振替株式発行会社以外における撤回制限の実効化，価格決定前の仮払制度の新設については，定款変更等における株主買取請求権の場合と同様である（本書23頁以下参照）。

(ii)　**株式等の買取の効力が生じる時期**

買取請求後における反対株主の剰余金配当受領権を否定するため，旧会社法では，原則として，代金支払時とされていた買取りの効力発生時期を，組織再編・事業譲渡等の効力発生日とする見直しが行われた（470条6項，786条6項，798条6項）。

(2)　簡易組織再編等における株式買取請求

(i)　改正会社法は，存続会社等において，簡易組織再編の要件を満たす場合には，反対株主は，株式買取請求権を有しないとの見直しを行った（797条1項ただし書）。

株式買取請求制度を設けている趣旨は，会社組織の基礎に本質的変更をもたらす行為に反対する株主に投下資本の回収をする機会を与えるものである。これに対して，改正前会社法が簡易組織再編や簡易事業譲渡について，株主総会の決議を不要としているのは，こうした会社の行為が会社組織の基礎に本質的変更をもたらす行為とはいえず，株主に及ぼす影響が軽微だからである。このため，反対株主は株式買取請求権を有しないものとすべきであると指摘された（中間試案補足説明51，52頁，坂本三郎「平成26年改正会社法の解説〔Ⅷ〕」商事法務2048号15頁（2014年））。

中間試案の補足説明では，存続会社等における簡易合併，簡易分割及び簡易株式交換のそれぞれの類型ごとに検討がなされており(a)簡易株式交換は，株式交換完全親株式会社の資産及び負債に対する影響が小さいから，株式交換完全親株式会社の反対株主に株式買取請求権を認める必要はないと整理されている。また(b)簡易合併及び簡易分割では，承継する事業に潜在債務が存

在するおそれがあるが，当該簡易合併または簡易分割に反対する株主は，一定数の株式を有する株主の反対により，株主総会の決議を求めたり（796条4項），役員の責任（423条）を追及できることから，吸収合併存続会社または吸収分割承継会社の反対株主に株式買取請求権を与える必要性は乏しいと評価されている。また，譲受会社における簡易事業譲渡についても同様とされている（中間試案補足説明52頁）。

　以上の結果，改正法では，存続会社等において簡易組織再編の要件を満たす場合，及び譲受会社において簡易事業譲渡の要件を満たす場合には，存続会社等または譲受会社の反対株主は，株式買取請求権を有しないとしている（469条1項2号，797条1項ただし書き）（中間試案補足説明52頁，前掲・坂本・15頁）。

　(ⅱ)　また，略式組織再編または略式事業譲渡の要件を満たす場合には，株主たる特別支配会社は，株式買取請求権を有せず，株主買取請求に関する通知の対象である株主から除外するとの改正も行われている（785条2項2号括弧書，797条2項2号括弧書，806条1項2号，469条2項2号括弧書）。略式組織再編及び略式事業譲渡の場合に特別支配株主を保護する必要はないから当然の規定である。

(3)　株式買取請求権を有する者の範囲について

　組織再編における株式買取請求権の濫用的な利用への対応策として，組織再編の具体的な条件が公表された後に株式を取得した者にまで株式買取請求による保護を与える必要はないとの指摘があり，今回の改正では，株式の取得時期による制限を設けるべきか否かについても検討された。しかし，適正でない組織再編が行われようとしている場合に，反対票を固めるべく株式を買い増しする場合などもあり，規制するとしても，いつを基準にどのような場合を規制すべきかにつき，様々な意見があった。また，株式買取請求権については，買取口座や仮払いの制度を創設し，簡易組織再編の場合に株式買取請求を否定する見直しを行ったことにより，濫用的な行使を相当程度防止できるとも考えられることから，株式取得の時期による規制は見送られた

(岩原紳作「改正会社法要綱案の解説」商事法務1979号8頁（2012年），会社法制部会第18回会議議事録39頁〔高木弘明関係官発言〕）。

IV　経過措置

　施行日前に合併，吸収分割，もしくは株式交換の契約が締結され，または，新設分割計画，もしくは株式移転計画が作成された組織再編については，改正前の規律が適用され，改正法の規律は適用されない（附則20条）。施行日前に事業譲渡等の契約が締結された事業譲渡等についても，同様である（附則18条）。

（深山　徹）

No.25 人的分割における準備金の計上に関する特則

792条，812条

改正のポイント

◆人的分割（分割会社の株主が分割会社に対して有する持株割合に比例して承継会社ないし設立会社の株式を取得するもの）について必要とされていた資本準備金または利益準備金の計上が不要になった。

I これまでの制度

平成17年に制定された会社法は旧商法で認められていた人的分割という法律構成を廃止し，人的分割は，会社分割において全部取得条項付種類株式の取得または剰余金の配当を行うことによって実現させるものとした。

そして，旧商法時代のルールに準じて，分割対価を承継会社または設立会社の株式とする場合には，吸収分割契約・新設分割計画への定め，分割会社債権者の異議手続を求めるとともに，分配可能額による制限を受けない（792条2号，812条2号）ものとした。

しかし，これらの場合にも剰余金の配当による減少する剰余金の額に10分の1を乗じて得た額を資本準備金または利益準備金として計上しなければならないとする445条4項の適用を排除していなかった。

II 改正の経緯

剰余金の配当は原則として分配可能額があることが前提となっている。そして，会社は将来会社の経営が悪化した場合に取り崩して欠損の填補に当てることができるよう，剰余金の配当を行う場合でもその一部を積み立てることが求められている。そうであれば，剰余金の配当が例外的に分配可能額に

よる制限を受けない場合には，剰余金の計上を求める前提がない※。そこで，人的分割に際して，445条4項の規定による準備金の計上は要しないものとした。

> ※ 分配可能額の有無にかかわらず剰余金の配当が行われる人的分割において，準備金の計上を義務付ける必要はないと考えられる。また，人的分割について，上記のとおり財源規制等の規定の適用を除外しながら，準備金の計上のみを義務付ける理由もないと考えられる。
> （平成23年12月・中間試案の補足説明・63頁・64頁）

Ⅲ 改正の詳細

　吸収分割会社が行う配当財源を吸収分割承継株式会社の株式のみとする剰余金の配当（758条8号ロ），吸収分割会社が行う配当財源を吸収分割承継持分会社の持分のみとする剰余金の配当（760条7号ロ）について，「第458条及び第2編第5章第6節（剰余金の配当等に関する責任）の規定は，次に掲げる行為については，適用しない。」として，分配可能額による制限の適用除外を定める792条本文に，準備金の計上を求める445条4項を追加することによって，これらの場合に，準備金の計上を不要とした。

　併せて，新設分割会社が行う配当財源を新設分割設立株式会社の株式のみとする剰余金の配当（763条12号ロ），新設分割会社が行う配当財源を新設分割設立持分会社の持分のみとする剰余金の配当（765条1項8号ロ）について，「第458条及び第2編第5章第6節（剰余金の配当等に関する責任）の規定は，次に掲げる行為については，適用しない。」として，分配可能額による制限の適用除外を定める812条本文に，準備金の計上を求める445条4項を追加することによって，これらの場合に，準備金の計上を不要とした。

Ⅳ 経過措置

　株式会社の合併等に関する経過措置として，施行日（平成27年5月1日）前に合併契約，吸収分割契約若しくは株式交換契約が締結され，または組織

NO.25　人的分割における準備金の計上に関する特則

変更計画，新設分割計画若しくは株式移転計画が作成された組織変更，合併，吸収分割，新設分割，株式交換又は株式移転については，なお従前の例によるとされている（附則20条）。

（古田　利雄）

第 6 編　訴訟に関する改正

No.26 株主総会等の決議の取消しの訴えの原告適格
831条

> **改正のポイント**
>
> ◆株主総会決議取消訴訟を提起できる者（原告適格を有する者）に次の者を追加（831条1項後段）
> →株主総会の決議により株主の地位を奪われ，現在株主でない者（決議取消しによって遡って株主の地位を回復する者）

I これまでの制度

　旧会社法は，株主総会決議取消訴訟の原告適格について，監査役設置会社にあっては株主，取締役，監査役，または清算人，委員会設置会社（改正会社法では，指名委員会等設置会社という名称になる）にあっては株主，取締役，執行役，または清算人（831条1項前段）だけではなく，当該取消しにより，取締役，監査役または清算人となる者に対しても認めている（旧法831条1項後段）。すなわち，株主総会の取締役解任決議で取締役の地位を奪われ現在取締役でない者も解任を決議した株主総会決議を取消す訴訟の原告適格を有している。これに対し，旧会社法には株主総会の決議により株主の地位を奪われ現在株主でない者（株主総会決議必要型キャッシュアウト）に対しては，株主の地位を奪った株主総会の決議を取消す訴訟の原告適格を認める規定はない。

II 改正の経緯

(1) 旧会社法の下でのキャッシュアウト

　旧会社法の下でキャッシュアウトを行う場合，実務上は全部取得条項付種

類株式の取得によるキャッシュアウトを利用する方法が多く用いられている。すなわち，既発行の株式を全部取得条項付種類株式に転換する定款変更の決議と当該全部取得条項付種類株式を会社が強制的に取得することを議案とする株主総会の決議（種類株式発行会社ではなかった会社が2以上の種類の株式を発行する旨の定款の定めを設ける決議を含め，3つの決議を同一の株主総会で行うことも可能である）を行い（171条1項，309条2項3号），取得対価として少数株主に対しては1株未満の端数のみを割り当て，端数の合計数を売却し，その売買等の代金をその端数に応じて交付する方法である（234条1項本文，2号，同条2項）。

(2) 株主総会決議取消しの訴えの規定の不存在

しかし現行会社法は，このようなキャッシュアウトにより保有する株式を失った者は，会社支配権の株式か金銭を選択できず，自己の意思に関係なく強制的に特別決議により株主の地位を奪われたにもかかわらず，キャッシュアウトのための株主総会において，例えば会社が株主に招集の手続きを怠るなど決議に瑕疵があったとしても，その取消しの訴えを提起し得ることを定めた規定がない。

(3) 学説と裁判例

(i) 否定説

株主総会決議取消訴訟の原告適格の要件は，口頭弁論終結時に当該会社の株主であることであり，裁判所の当該決議を取消す判決が確定までは株主総会の決議は有効であり，少数株主等保有株式を失った者は株主でないと扱われることから，原告適格はないとする見解がある。

(ii) 肯定説

株主総会決議取消訴訟で原告の訴えが認められると，株主総会の決議は遡って無効となり（遡及効），この効力は第三者に対しても及ぶことになる（対世効）。したがって株主総会必要型キャッシュアウトにより，株式を失った者は，勝訴すれば遡って株主の地位を回復することから，株主総会決議取消訴訟との関係では原告適格を認める見解が対立していた。

今回の改正は，この問題について，明文で明確にしたものである。

(iii) **裁判例**

なお，近時，会社の全部取得条項付種類株式の取得により株主の地位を奪われた株主の当該決議取消訴訟の原告適格が争われた事例で，原告適格を認めた判決が下された（東京高判平成22年7月7日判時2095号128頁）。すなわち，裁判所は「株主総会の決議により株主の地位を奪われた株主は，当該決議の取消訴訟の原告適格を有する。当該決議が取り消されない限り，その者は株主としての地位を有しないことになるが，これは決議の効力を否定する取消訴訟を形成訴訟として構成した法技術の結果にすぎないのであって，決議が取り消されれば株主の地位を回復する可能性を有している以上，会社法831条1項との関係では株主として扱ってよいと考えられるからである」と判示して，株主総会必要型キャッシュアウトにより株主の地位を奪われたものに，当該株主総会の決議を取消す訴訟の原告適格を認めたものである。

Ⅲ　改正の詳細

(1)　原告適格の制度化

改正会社法831条1項後段は，株主総会決議の取消しにより株主となる者（当該決議が創立総会の決議である場合にあっては，設立時株主）について，株主総会の決議の日から3か月以内に，訴えをもって株主総会の決議取消しを請求できる旨を定めている。すなわち株主総会必要型キャッシュアウトによって株主の地位を奪われた株主は，株主の地位を奪った当該決議の株主総会決議取消訴訟につき原告適格を有することが明確になった。

その結果，全部取得条項付種類株式の取得や株式の併合（極端な比率による株式の併合を行い，少数株主に1株未満の端数を割り当てる）等の株主総会必要型キャッシュアウトによって株主の地位を奪われた株主は，株式の強制取得や株式の併合等を決めた株主総会の特別決議を取消すことによって株主の地位を回復できる。

(2) 訴えの利益

　注意しなければならないのは，株式の併合や全部取得条項付種類株式の取得等によって株主の地位を奪われた株主が当該決議を行った株主総会決議取消訴訟を提起した場合においても，その後，合併等の組織再編等により従前株式を保有していた会社が消滅することが対世的に確定することがある。その場合，当該株主が回復しようとする株主の地位がなくなることから，当該株主の地位を回復することを目的とする株主総会の決議取消訴訟を提起する訴えの利益が消滅していることになり，訴えは却下されることになる。

　例えば，全部取得条項付種類株式の強制取得によって株主の地位を奪われた株主が当該総会決議の取消訴訟を提起しても，その後当該株式会社が吸収合併された場合，当該吸収合併について法定の期間内（828条1項7号8号。合併の効力が生じた後6カ月）に無効の訴えを提起しておかないと，吸収合併により回復しようとする株主の地位がなくなることから，当該株主総会の決議取消訴訟の訴えの利益が消滅したとして却下判決がなされるおそれがあるので注意する必要がある。

　なお前記東京高裁平成22年7月7日の判決においては株主総会の決議取消訴訟を提起していれば，決議取消訴訟確定前においても，会社法828条2項7号にいう「吸収合併の効力発生日に吸収合併をする会社の株主であった者」に該当するとして合併無効の訴えの原告適格を認めた。

Ⅳ　実務上の留意点

　従前，前記のとおり株主総会決議により株主の地位を奪われた株主に当該決議を取り消す株主総会取消訴訟の原告適格を認めた裁判例があったことから，実務への影響は少ないと思われる。ただ株式の併合や全部取得条項付種類株式の取得は，合併等の組織再編の準備行為として用いられることが多い。

　その場合，株主の地位を奪われた株主総会の決議取消訴訟を提起した株主はその後行われた合併等の組織再編についても無効の訴えを提起すると思われるので，合併等の組織再編が無効にならないためにも，キャッシュアウト

により株主の地位を奪う株主総会の手続は瑕疵がないように慎重に行う必要がある。

V　経過措置

　株主総会決議により株主の地位を奪われた株主に当該決議を取り消す株主総会取消訴訟の原告適格を認めた規定（831条1項後段）には，特段の経過措置は設けられていない。したがって，施行日前に提起された株主総会の決議の取消しの訴えについても，施行後は改正後の規律が適用される。

（木屋　善範）

No.27 株主による責任追及等の訴え（株主代表訴訟）
847条～

> **改正のポイント**
>
> ◆株主による責任追及等の訴え（以下，「株主代表訴訟」という）の対象に，次の訴えを追加。
>   → 払込みを仮装した株式引受人・新株予約権者等の責任を追及する訴え
>   （102条の2第1項・213条の2第1項・286条の2第1項）
>   ※ 条文上の追加はないものの，新たに設けられた「仮装払込みに関与した取締役等の責任」（103条2項，213条の3第1項，286条の3第1項）を追及する訴えも，株主代表訴訟の対象となる。
> ◆旧株主による責任追及等の訴え・最終完全親会社等の株主による特定責任追及の訴えが創設されたことにより，所要の規定の整備が行われている。

※ なお，払込みを仮装した株式引受人・新株予約権者等の責任，仮装払込みに関与した取締役等の責任，その他仮装払込み全般について，8頁以下参照。

I これまでの制度

株主代表訴訟の対象となる訴えは，これまでは次の3つであった（旧法847条1項）。
① 役員等の会社に対する損害賠償責任を追及する訴え
② 違法な利益供与を受けた者に対する当該利益の返還を求める訴え
③ 不公正価額で株式・新株予約権を引き受けた者等の責任を追及する訴え

今回の改正で，これら3つに，「改正のポイント」で示した訴えが追加されたほか，所要の規定の整備がなされている。

NO.27　株主による責任追及等の訴え（株主代表訴訟）

II　改正の経緯

　株主代表訴訟に関わる本改正は、仮装払込みに関与した株式引受人、新株予約権者等、取締役等の責任を見直したことに伴って行われたものである。

　仮装払込みがなされた場合、会社の取締役等は、仮装払込みをした引受人・新株予約権者等と意思を通じており、当該引受人・新株予約権者等に対する責任追及を怠るおそれがあると考えられる。そこで、新たに設けた当該引受人・新株予約権者等の責任（102条の2第1項、213条の2第1項、286条の2第1項）について、株主代表訴訟の対象に含めることとしている。

　仮装払込みに関与した取締役等の責任（103条2項、213条の3第1項、286条の3第1項）についても、改正前からの規定の文言「役員等…の責任を追及する訴え」に該当し、株主代表訴訟の対象になるとされている（以上につき、補足説明25～26頁。坂本三郎『一問一答　平成26年改正会社法』142頁（商事法務、2014年））。

III　改正の詳細

(1)　代表訴訟の対象

　改正によって、株主代表訴訟の対象となる訴えは、次の4つとなった（847条1項）。

①　役員等の会社に対する損害賠償責任を追及する訴え
②　違法な利益供与を受けた者に対する当該利益の返還を求める訴え
③　不公正価額で株式・新株予約権を引き受けた者の責任を追及する訴え
④　払込みを仮装した株式引受人・新株予約権者等の責任を追及する訴え

　上記④の責任（102条の2第1項、213条の2第1項、286条の2第1項）を追及する訴えが、今回の改正で規定上追加されたものである。

　また、上記①は、改正前から規定されているが、今回の改正で、仮装払込みに関与した取締役等の責任（103条2項、213条の3第1項、286条の3第1項）を追及する訴えも含むこととなるとされている（「役員等…の責任を追及する

訴え」に該当)。

(2) 和解

平成26年改正で新たに代表訴訟の対象とされた訴えに係る責任の中には，次のとおり，総株主の同意がなければ免除することができないものが含まれている。

① 払込みを仮装した設立時募集株式引受人の責任（102条の2第2項）
② 設立時仮装払込みに関与した発起人等の責任（103条3項）
③ 払込みを仮装した募集株式引受人の責任（213条の2第2項）
④ 払込みを仮装した新株予約権者等の責任（286条の2第2項）

しかし，改正会社法850条4項は，代表訴訟において和解（民訴法267条）する場合は，①〜④の責任が追及されている場合であっても，総株主の同意が不要であることを規定した。

なお，平成26年改正で新たに解釈上代表訴訟の対象とされた募集株式の仮装払込みに関与した取締役等の責任（213条の3第1項）および募集新株予約権の仮装払込みに関与した取締役等の責任（286条の3第1項）については，そもそも責任免除に総株主の同意を要する旨の規定が置かれていない。これは，これらに関与した取締役等は，払込みの仮装によって自ら利益を得るわけではないこと等を踏まえてのことであると説明されている（前掲・坂本・143, 150頁）。

(3) その他

旧株主による責任追及等の訴え（847条の2）および最終完全親会社等の株主による特定責任追及の訴え（847条の3）を創設したことから，これらの訴えの訴額等についても代表訴訟と同様の規律を設けるため，旧会社法847条6〜8項を削り，改正会社法847条の4を新設している（実質的な内容の変更はなし）。

その他，訴えの管轄等，代表訴訟に関わる規定について所要の整備が行われている（848〜853条）。

Ⅳ　経過措置

　改正会社法は，原則として，施行日前に生じた事項にも適用があるとされているが（附則2条），施行日前に提起された代表訴訟については，なお従前の例によることとなる（附則21条1項）。
　したがって，施行日前に代表訴訟が提起されていた場合は，例えば，施行日後，会社が株式交換等をしたとしても，株式交換等完全親会社に対する通知（849条6項）が必要となることはないし，適格旧株主が当該訴えに参加できることとなることもない（前掲・坂本・214頁）。

　　　　　　　　　　　　　　　　　　　　　　　　　　　（植松　勉）

No.28 旧株主による責任追及等の訴え
847条の2～

> **改正のポイント**
>
> ◆株式会社（B社）の株主（X）が株式交換等により同社の株主でなくなっても，一定の場合，同社の取締役等（Y）の責任を追及できるようになった。
> ◆①当該株式交換等により完全親会社となる株式会社（A社）等の株式を取得し，引き続き当該株式を有すること，②責任の原因となった事実が株式交換等の効力発生時までに生じたものであることが必要である。

I　これまでの制度

　会社法851条は，株主代表訴訟の係属中に株式会社（B社）が株式交換等によりA社の完全子会社となった場合において，原告株主であるXがA社の株式を取得したときは，原告適格を失わない旨を規定している。

　しかし，株主代表訴訟の係属前に株式交換等が行われた場合に，XによるB社の取締役等（Y）を被告とする株主代表訴訟の提起を認める規定は存しない。

　裁判例においても，このような場合に上記株主代表訴訟の原告適格を認めるものは存しない（東京地判平成19年9月27日判時1992号134頁参照）。

II　改正の経緯

　前記1の場合，Xは，一定の要件の下，Yの責任等について株主代表訴訟を提起し得たのであり，自らの意思で株主の地位を失ったわけではない。

　そこで，一定の場合に，Xが，Yを被告として株主代表訴訟を提起することができることとした。

NO.28　旧株主による責任追及等の訴え

Ⅲ　改正の詳細

　改正法は，上記の株主代表訴訟について，「旧株主による責任追及等の訴え」との概念で規律している（平成26年法律第90号による改正会社法847条の2（以下，特に断りのない限り，単に条名を掲げるときは，同改正後の同法のものを指す））。

（1）　旧株主による責任追及等の訴えの提起を請求することができる者
（i）　旧株主が株式交換等により完全親会社の株式を取得・保有していること
　　a　XがB社に対して提訴請求をすることができるためには，B社の株主であった者（旧株主）が，次の(a)または(b)のいずれかに該当することが必要である（847条の2第1項）。
　　(ｱ)　株式交換または株式移転によりB社の完全親会社であるA社の株式を取得して，引き続き当該株式を有すること。完全親会社とは，特定の株式会社の発行済株式の全部を有する株式会社その他これと同等のものとして法務省令で定める株式会社をいう（同項ただし書，平成27年法務省令第6号による改正会社法施行規則（以下，特に断りのない限り，同改正後のものを「会施規」という）218条の3。なお，同条の規定の内容は，削除前の会施規219条と同様である（坂本三郎ほか「平成26年改正会社法の解説〔Ⅴ〕」旬刊商事法務2045号35頁注77（2014年）参照）。）。
　　(ｲ)　B社が吸収合併消滅会社となる吸収合併により，吸収合併存続会社であるA社の完全親会社であるC社の株式を取得し，引き続き当該株式を有すること。
　　　なお，(c)B社が吸収合併消滅会社となる吸収合併により吸収合併存続会社であるA社の株式を取得した場合または(d)B社が新設合併消滅会社となる新設合併により新設合併設立会社であるA社の株式を取得した場合（851条1項2号参照）は，A社は合併によりB社のYに対する権利を承継するため，B社の株主であったXは，A社の株

式を有する限り，特別の規定がなくとも，株主による責任追及等の訴えとして，A社に対し，提訴請求をすることができる（前掲・坂本ほか〔Ⅴ〕・36頁参照）。
　ｂ　B社が公開会社であるときは，株式交換等の効力が生じた日の6か月（これを下回る期間を定款で定めた場合にあっては，その期間）前から当該日まで引き続き同社の株主であったことが必要である（847条の2第1項）。B社が上場会社であった場合，この要件を満たすか否かを確認するため，振替口座簿の内容を保存できるよう所要の手当てが必要であろう。
　　　B社が公開会社でないときは，株式交換等の効力が生じた日において同社の株主であったことで足りる（同条2項）。この要件を満たすか否かを確認するためにも，株主名簿を保存しておくことが必要である（以上につき，平田和夫「多重代表訴訟に関する訴訟手続上の諸論点（下）」ビジネス法務13巻2号117頁（2013年）参照）。
　(ii)　特定責任追及の訴えの場合と同様，Xは，B社に提訴請求をするために，個別株主通知をする必要はないと解される（前掲・坂本ほか解説〔Ⅴ〕・37頁参照）。

(2) 対象となる責任または義務
　株式交換等の効力が生じた時までにその原因となった事実が生じた責任または義務に限られる（847条の2第1項）。

(3) 旧株主による責任追及等の訴えの提起に至る手続きの概要
　(i)　提訴請求
　原則として，XのB社に対する提訴請求が必要である（847条の2第1項本文。例外につき同条8項参照）。この提訴請求においては，被告となるべき者，請求の趣旨及び請求を特定するのに必要な事実，株式交換等完全親会社の名称及び住所並びに当該株式交換等完全親会社の株主である旨を書面に記載等することを要する（会施規218条の2）。
　Xによる提訴請求を受けるに当たり，監査役設置会社であるB社を代表す

る者は，同社の監査役である（386条2項1号）。

　ただし，責任追及等の訴えがX若しくは第三者の不正な利益を図りまたはB社若しくはA社に損害を加えることを目的とする場合は，この提訴請求をすることができない（847条の2第1項ただし書）。

　(ii) 提訴請求後の手続きの概要（論点等については，特定責任追及の訴えの項を参照）

　　a　監査役設置会社であるB社の監査役は，Xから提訴請求を受けたときは，提訴請求日から遅くとも60日以内に（後記c参照），責任追及等の訴えを提起するか否かを決定する必要がある。

　　b　B社は，提訴請求日から60日以内に責任追及等の訴えを提起しない場合において，XまたはYから請求を受けたときは，当該請求をした者に対し，遅滞なく，責任追及等の訴えを提起しない理由を書面その他の法務省令で定める方法により通知しなければならない（847条の2第7項）。この通知においては，株式交換等完全子会社が行った調査の内容（次の判断の基礎とした資料を含む），被告となるべき者の責任または義務の有無についての判断及びその理由，当該者に責任または義務があると判断した場合において，責任追及等の訴えを提起しないときは，その理由を書面に記載等することを要する（会施規218条の4）。

　　c　B社が提訴請求日から60日以内に責任追及等の訴えを提起しないときは，Xは，同社のために，責任追及等の訴えを提起することができる（847条の2第6項。例外につき同条8項参照）。

(4)　責任または義務の免除

(i)　Yの責任の全部を免除するには，B社の総株主であるA社の同意だけでなく，適格旧株主の全員の同意も必要である（847条の2第9項，424条）。

(ii)　株主総会決議による一部免除（425条），取締役会決議による一部免除（426条）及び責任限定契約による一部免除（427条）については，特定責任追及の訴えの場合のような特則は設けられていない。

(5) 旧株主による責任追及等の訴えに係る訴訟手続等
(i) 訴訟費用等（847条の4），管轄（848条）については，株主による責任追及等の訴えの場合と同様である。
(ii) 旧株主による責任追及等の訴えに係る訴訟への参加
　a　適格旧株主の参加
　　　X以外の適格旧株主は，旧株主による責任追及等の訴えに係る訴訟に，共同訴訟人として，または当事者の一方を補助するため，参加することができる（849条1項）。
　b　株式交換等完全親会社等の参加
　(ア)　B社の参加
　　　B社は，共同訴訟人として，または当事者の一方を補助するため，参加することができる（849条1項）。
　　　この参加においてB社を代表する者は，同社の代表取締役であると解される（349条4項）。
　(イ)　A社の参加
　　　A社は，B社の株主であるときは，B社の株主としての地位に基づき，共同訴訟人として，または当事者の一方を補助するため，参加することができる（849条1項）。
　　　A社は，B社の株主でない場合であっても，当事者の一方を補助するため，参加することができる（同条2項1号）。いわゆる中間完全子会社である株式会社及び中間完全子会社となった株式会社は，いずれも株式交換等完全親会社に含まれない（同号括弧書。坂本三郎ほか「平成26年改正会社法の解説〔Ⅵ〕」商事法務2046号8頁〜9頁注89（2014年）参照）。
　　　これらの参加においてA社を代表する者は，同社の代表取締役であると解される（349条4項）。監査役設置会社であるA社がB社の株主である場合において，A社がB社に対し責任追及等の訴えに係る提訴請求をし（847条1項，386条2項3号），またはA社がYを被

(847条の2〜)　　227

告として責任追及等の訴えを提起するとき（847条3項，386条1項2号）は，A社を代表する者はいずれも同社の監査役であるが，これらの場合と混同しないよう注意を要する。
　㋒　上記(a)及び(b)に共通する事項（論点等については，特定責任追及の訴えの項を参照）
　　　B社又はA社がYを補助するため，特定責任追及の訴えに係る訴訟に参加するには，監査役全員の同意（監査役設置会社の場合）を得る必要がある（849条3項1号）。
(iii)　**旧株主による責任追及等の訴えに係る通知・公告に関する手続きの特則**
　a　Xは，責任追及等の訴えを提起したときは，遅滞なく，B社に対し，訴訟告知をする必要がある（849条4項）。
　b　B社は，上記訴訟告知を受けたときは，遅滞なく，その旨を公告し，または株主に通知する必要がある（同条5項。同社が公開会社でないときは，通知に限られる（同条9項））。ただし，A社がB社の発行済株式の全部を有するときは，次に述べるA社に対する通知に代えることができる。
　　　B社は，A社に対しても，遅滞なく，上記訴訟告知を受けた旨を通知する必要がある（同条6項）。この通知を受けるに当たり，監査役設置会社であるA社を代表する者は，同社の監査役である（386条2項3号）。
　c　A社は，上記通知を受けたときは，遅滞なく，その旨を公告し，または適格旧株主に通知する必要がある（同条10項1号。同社が公開会社でないときは，通知に限られる（同条11項））。
(iv)　証拠収集，判決効及び和解に関する論点等については，特定責任追及の訴えの項を参照されたい。
(6)　利益供与に係る規律等の見直し
(i)　株式会社は，当該株式会社に係る適格旧株主の権利の行使に関し，財産上の利益を供与してはならない（120条1項）。

株式会社の取締役等が，適格旧株主の権利の行使に関し，財産上の利益を供与する行為についても，利益供与罪の対象となる（970条1項）。適格旧株主の権利の行使に関し，財産上の利益を供与することを要求した者も，処罰の対象となる（同条3項）。

(ii)　旧株主による責任追及等の訴えの提起等に関する贈収賄についても，株主等の権利の行使に関する贈収賄罪の対象となる（968条1項4号，5号）。

IV　経過措置

（1）　施行日（平成27年5月1日）前に旧会社法847条1項に規定する責任追及等の訴えが提起された場合における当該責任追及等の訴えについては，なお従前の例による（附則21条1項）。

（2）　施行日前に株式交換等の効力が生じた場合には，旧株主による責任追及等の訴えの提起を認めないこととするため，847条の2の規定は，適用されない（附則21条2項）。

（平田　和夫）

No.29 多重代表訴訟
847条の3～

改正のポイント

◆一定の場合に、親会社（A社）の株主（X）が子会社（B社）の取締役等（Y）の責任を追及できるようになった。
◆①XがA社の総株主の議決権等の１％以上を有していること、②A社とB社とが100％親子会社の関係にあること、③B社株式の帳簿価額がA社の総資産額の20％超であることが必要である。

I これまでの制度

会社法851条は、株主代表訴訟の係属中に株式会社（B社）が株式交換等によりA社の完全子会社となった場合において、原告株主であるXがA社の株式を取得したときは、原告適格を失わない旨を規定している。

この会社法851条の場合を除いては、親会社（A社）の株主（X）が子会社（B社）の取締役等（Y）の責任を追及する訴訟、すなわち多重代表訴訟に関する規律は存しなかった（以下、説明の単純化のため、特に断りのない限り、A社がB社の発行済株式の全部を保有している場合を想定して説明する）。

裁判例においても、解釈論として多重代表訴訟を認めるものは存しない（東京高判平成15年７月24日判時1858号154頁参照）。

II 改正の経緯

Yの行為によりB社の資産がき損し、これによりA社の資産がき損される結果、Xが損害を被る場合、一定の限度で、Xを保護する必要がある。

他方、B社がYの責任を追及する可能性は、類型的に低い。B社の株主であるA社が株主代表訴訟によりYの責任を追及する可能性も、同様に低い。

そこで，一定の場合に，多重代表訴訟を認める必要がある。

Ⅲ　改正の詳細

改正法は，多重代表訴訟について，「最終完全親会社等の株主による特定責任追及の訴え」との概念で規律している（平成26年法律第90号による改正会社法847条の3（以下，特に断りのない限り，単に条名を掲げるときは，同改正後の同法のものを指す））。

(1) 特定責任追及の訴えの提起を請求することができる者

XがB社に対して提訴請求をすることができるためには，①A社が「最終完全親会社等」に該当すること，②XがA社の総株主の議決権または発行済株式の1％以上を有すること（少数株主権）が必要である。

(i) ①「最終完全親会社等」

　a　「最終完全親会社等」の意義

「最終完全親会社等」とは，(a)株式会社の「完全親会社等」であって，(b)その「完全親会社等」がないものをいう（847条の3第1項）。

なお，「完全親会社等」とは，以下のいずれかに該当する株式会社をいう（同条2項）。

　一　完全親会社，すなわち，特定の株式会社の発行済株式の全部を有する株式会社その他これと同等のものとして法務省令で定める株式会社（847条の2第1項ただし書，平成27年法務省令第6号による改正後の会社法施行規則（以下，特に断りのない限り，同改正後のものを「会施規」という）218条の3。なお，同条の規定の内容は，削除前の会施規219条と同様である（坂本三郎ほか「平成26年改正会社法の解説〔Ⅴ〕」商事法務2045号35頁注77（2014年）参照））

　二　株式会社の発行済株式の全部を他の株式会社及びその完全子会社等（株式会社がその株式または持分の全部を有する法人をいう）又は他の株式会社の完全子会社等が有する場合における当該他の株式会社（完全親会社を除く）

(847条の3～)

NO.29　多重代表訴訟

b　基準となる日

　「最終完全親会社等」の要件は，提訴請求をした日だけでなく，Yの責任の原因となった事実が生じた日（以下「責任原因発生日」という）においても要求される（847条の3第1項・4項，会施規218条の6）。

　責任原因発生日の意義については，任務懈怠行為の日と損害発生の日とのいずれかの日に「最終完全親会社等」であれば足り，また，任務懈怠行為が継続的なものである場合にあっては，そのいずれかの時点で「最終完全親会社等」であれば足りるものと解される。

　提訴請求の日より後に「最終完全親会社等」の要件を満たさないこととなったときは，Xは原告適格を失うものと解される（平田和夫「多重代表訴訟に関する訴訟手続上の諸論点（上）」ビジネス法務13巻1号120頁（2013年）参照）。

c　確認方法

(ア)　A社とB社とが「最終完全親会社等」の関係にあることについて，Xは，どのような方法で確認することができるであろうか。

　　第1に，株式会社（その事業年度の末日において，その完全親会社等があるものを除く）に特定完全子会社がある場合には，当該特定完全子会社の名称等を事業報告の内容とすることを要する（会施規118条4号。その記載方法について，全国株懇連合会「定款モデル，事業報告モデル，招集通知モデルの新旧対照表等」商事法務57頁・59頁(2015)，一般社団法人日本経済団体連合会経済法規委員会企画部会「会社法施行規則及び会社計算規則による株式会社の各種書類のひな型（改訂版）」41頁（平成27年4月10日）参照）。これにより，各事業年度の末日における「最終完全親会社等」の要件及びその重要な完全子会社であることの要件（後記参照）が充足されているか否かを，Xは確認することができる。これを最終完全親会社等からみれば，上記各要件の充足の有無を毎年度確認すべき義務が最終完全親会社等に課せられているといえよう。ただ，計算書類及びその附属明細書の

場合（435条4項）とは異なり，事業報告については，その保存義務を定めた規定は存しない。事業報告を含む計算書類等の備置義務に係る期間は，定時株主総会の日の2週間（取締役設置会社の場合）前の日から，本店においては5年間，支店においては3年間である（442条1項1号，2項1号）。上記期間を経過した計算書類等については，閲覧等（同条3項）の対象とならないとする見解が有力である（東京地判平成21年1月21日判例集未登載（平成20年（ワ）第9191号。判例秘書判例番号L06430061），東京地方裁判所商事研究会編『類型別会社訴訟Ⅱ〔第3版〕』638頁〔俣木泰治〕（判例タイムズ社，2011年）参照）。事業報告は有価証券報告書の添付書類とされているが（金融商品取引法24条6項，企業内容等の開示に関する内閣府令17条1項1号ロ），同報告書及びその添付書類の公衆縦覧期間は受理日から5年間である（同法25条1項4号。同条2項参照）。

　第2に，事業報告によっては「最終完全親会社等」の要件の充足の有無を確認することができない場合はどうか。①A社がB社の発行済株式の全部を保有していることについては，Xは，「親会社社員」（31条3項本文）として，B社の株主名簿（121条）の閲覧等（125条4項，5項）をすることにより，これを確認することができる。株主名簿の記載中「……株主が株式を取得した日」（121条3号）が責任原因発生日以前の日であることが必要である。②A社に「完全親会社等」がないことについては，Xは，同社の株主名簿の閲覧等（125条2項・3項）をすることにより，これを確認することができる（以上につき，平田・前掲（上）120頁参照）。

(イ)　他方，B社は，A社とB社とが「最終完全親会社等」の関係にあることについて，どのような方法で確認することができるであろうか。

　第1に，株式会社の子会社は，当該株式会社の債権者でない限り，当該株式会社の事業報告を含む計算書類等の閲覧等の権利を有しない（442条）。ただ，上記のとおり，受理日から5年間に限り，B社は，

NO.29　多重代表訴訟

公衆縦覧に供されたA社の有価証券報告書の添付書類の一つである事業報告の内容を確認することができる。

　第2に，事業報告によっては「最終完全親会社等」の要件の充足の有無を確認することができない場合はどうか。①A社がB社の発行済株式の全部を保有していることについては，B社は，自社の株主名簿を確認すれば足りる。A社とB社との間にいわゆる中間完全子会社があるときは，B社は，自社の株主名簿だけでは，上記の点を確認することはできない。②A社に「完全親会社等」がないことについては，A社が上場会社であるときは，B社は，利害関係者ではないので，情報提供請求をすることはできない（社債，株式等の振替に関する法律（以下「振替法」という）277条後段，同施行令84条，社債，株式等の振替に関する命令61条2号参照）。ただ，B社は，A社の有価証券報告書により，これを確認することができる。A社が有価証券報告書提出会社でないとき，またはその公衆縦覧期間が経過しているときは，B社は，A社から，同社に「完全親会社等」がないことの教示を事実上受けることとなろう。

(ii)　②**少数株主権**

　a　少数株主権の要件及び株式継続保有の要件

　　XがA社の総株主の議決権または発行済株式の1％以上を有すること（少数株主権）が必要である（847条の3第1項）。他の株主との合算でも足りる。

　　A社が公開会社であるときは，6か月前から引き続き前記「最終完全親会社等」の要件及び上記少数株主権の要件を満たすことが必要である（株式継続保有の要件）。

　b　基準となる日

　　少数株主権の要件及び株式継続保有の要件は，いずれも提訴請求の日に要求される。

　　提訴請求の日より後に少数株主権の要件を満たさないこととなった

ときは，Xは原告適格を失うものと解される（最決平成18年9月28日民集60巻7号2634頁参照）。
c 確認方法
(ア) 上記aの要件について，Xは，どのような方法で確認することができるであろうか。

「発行済株式の総数…」については，登記事項である（911条3項9号）ので，Xは，登記事項証明書の交付請求（商業登記法10条1項）をすれば足りる。

A社が株券発行会社（117条6項）であるときは，「…株券に係る株式の数」は株券の記載事項である（216条2号）ので，Xは，自らの所持する株券の記載を確認すれば足りる。A社が公開会社でない場合において，株券が発行されていないときは，Xは，同社に対し，株券の発行を請求することができる（215条4項参照）。

XがA社の株式を取得した日については，Xは，同社に対し，株主名簿の閲覧等を請求すれば足りる。

以上に対し，A社が上場会社であるときは，Xは，同社に対し，情報提供請求（振替法277条前段）により，上記aの要件（A社の総株主の議決権及び発行済株式に関する情報を除く）を満たすか否かを確認することができる。

(イ) 他方，B社は，上記aの要件について，どのような方法で確認することができるであろうか。

「発行済株式の総数…」については，Xの場合と同様に，B社は，登記事項証明書の交付請求（商業登記法10条1項）をすれば足りる。

A社が上場会社であるとき，B社は，利害関係者ではないので，情報提供請求をすることができない（振替法277条後段，同施行令84条，社債，株式等の振替に関する命令61条2号参照。平田・前掲（上）120頁参照）。

それでは，このような場合に，A社は，情報提供請求ができるで

(847条の3～) 235

NO.29　多重代表訴訟

あろうか。これができるとすれば、A社が上記情報提供請求により取得した情報を、B社がA社から取得することができるとする余地がある。この点、上記情報提供請求ができるとする見解がある（岩原紳作ほか「座談会　改正会社法の意義と今後の課題〔下〕」商事法務2042号12頁〔斎藤誠・仁科秀隆各発言〕（2014年）、奥山健志＝小林雄介「親会社株主の保護等に関する規律の見直し」商事法務2059号18〜19頁（2015年）、加藤貴仁「多重代表訴訟等の手続に関する諸問題」商事法務2063号9頁・14〜15頁注18（2015年）、公益社団法人日本監査役協会株主代表訴訟制度問題研究会「株主代表訴訟への対応指針」58頁（平成27年3月5日））。

　しかし、上記情報提供請求に「正当な理由」（振替法277条後段）があるか否かについてみると、まず、「株主が株主権の行使要件を充たしているかどうかを確認するために必要があるとき。」（証券受渡・決済制度改革懇談会「総株主通知等の請求・情報提供請求における正当な理由についての解釈指針」第1二1(3)（平成26年12月1日）。株式会社証券保管振替機構「株式等振替制度に係る業務処理要領（第4.7版）」2-11-12（平成27年5月）参照）については、特定責任追及の訴えに係る提訴請求権は、XのB社に対する権利であって、A社に対する権利ではないので、「株主権」に該当しない。「株主と自称する者が株主であるかどうかを確認するために必要があるとき。」（同(2)）についても、特定責任追及の訴えに係る提訴請求権は、いわゆる少数株主権であって、単に株主であるだけでは認められないので、この要件も満たさない。「発行者が、法令等に基づき、株主に関する情報を、公表し、又は官公署若しくは証券取引所（金融商品取引所）に提供するために必要があるとき。」（同(4)）についても、「発行者」であるA社が特定責任追及の訴えに係る訴訟に参加し、Xが少数株主権の要件等を満たさないこと等に関する情報を「官公署」である裁判所に提供して当該訴えの却下を求める必要がある旨の主張があり得

ようが，上記の必要性の基準となる者は，当該訴えの被告であるYであろう。「上場廃止，免許取消しその他発行者又は株主に損害をもたらすおそれのある事態が生ずるのを避けるために必要があるとき。」（同(5)）についても，そもそも上記情報提供請求の目的は特定責任追及の訴えに係る提訴請求権の有無の確認にある上，特定責任追及の訴えの訴訟追行の内容または結果の如何によってはA社またはその株主に損害が生ずる可能性があるが，そのような事態が「上場廃止，免許取消し」に匹敵するものでないことは言うまでもない。

ただ，「定款又は定款の委任に基づき株式の取扱い等に関して定められる株式取扱規程において定められた事由が生じたとき。」（同(6)）に関し，例えば，「株主が最終完全親会社等の株主による特定責任追及の訴え（会社法第847条の3）に係る要件を充たしているかどうかを確認するために必要があるとき。」等の事由を株式取扱規程等に追加することにより，少なくとも積極要件は満たすこととなる余地がある。

しかし，「第三者への漏えいを目的とするとき。」（前掲解釈指針第1二2・一2(4)）は，「正当な理由」は認められない（この消極要件について，株式取扱規程等で例外を設けることはできない。その趣旨は，前掲業務処理要領2－11－12の「発行者は，前(a)の「正当な理由」の類型のいずれかに該当する事情が存在するときでも，次のいずれかに該当する場合には，「正当な理由」は認められず……」の部分に端的に示されている。）。A社にとって，B社は，たとえ100％子会社であるとはいえ，別個の法人格を有する「第三者」である。A社がB社に対し，上記情報提供請求により得られた情報を提供することは，「漏えい」に当たる。

このようにみると，上記情報提供請求には「正当な理由」がなく，A社は上記情報提供請求をすることができないと言わざるを得ない（なお，前掲業務処理要領2－11－12の「備考」欄に「解釈指針に規定

(847条の3〜)　　237

された「正当な理由」に相当する事由が存在するか否かの判断は，発行者が行い，仮に不法な請求が行われた場合であっても，その責任を機構は負わない。」との記載があるが，その趣旨は機構の免責を規定する点にあるのであって，発行者による恣意的な解釈を許容する趣旨でないことは言うまでもない。）。会社法847条の３第１項に規定する株式会社を上記「第三者」から除く等の前掲解釈指針の改正が望まれるところである。

(iii) **個別株主通知の要否**

特定責任追及の訴えに係る提訴請求は，Ａ社の株主の地位に基づきＢ社に対してするものであって，Ｂ社の株主の地位に基づくものではない。

したがって，特定責任追及の訴えに係る提訴請求権は「少数株主権等」（振替法154条２項）に該当せず，個別株主通知は不要である（坂本ほか・前掲解説〔Ⅴ〕30頁参照）。

(2) **特定責任追及の訴えの対象となる責任（特定責任）**

特定責任追及の訴えの対象となる責任，すなわち特定責任に該当するには，①株式会社の発起人等の責任であって，②責任原因発生日において当該株式会社が最終完全親会社等の重要な完全子会社であることが必要である（847条の３第１項，４項）。

(i) **①発起人等の責任であること**

払込み等を仮装した設立時募集株式や募集株式の引受人等に対する訴え，不公正な払込金額で株式等を引き受けた者等に対する訴え及び株式会社から株主等の権利の行使に関して財産上の利益の供与を受けた者に対する訴えが，対象から除外されている（847条の３第１項，４項）。

(ii) **②最終完全親会社等の重要な完全子会社であること**

 a 重要な完全子会社の意義

  責任原因発生日において最終完全親会社等及びその完全子会社等における当該株式会社の株式の帳簿価額が当該最終完全親会社等の総資産額として法務省令で定める方法により算定される額の５分の１（こ

れを下回る割合を定款で定めた場合にあっては，その割合）を超える場合における当該発起人等の責任であることが必要である（847条の3第1項，4項，会施規218条の6）。

b　基準となる日

上記aの要件（「最終完全親会社等」の要件（前記(1)(i)）に係る部分を除く。以下このb及び次のcにおいて同じ）は，責任原因発生日において要求される（847条の3第4項，会施規218条の6）。

責任原因発生日より後に上記aの要件を満たさないこととなったときであっても，特定責任追及の訴えの対象の要件を欠くことにはならないものと解される（前掲・坂本ほか解説〔V〕・32頁注71参照）。

c　確認方法

(ア)　上記aの要件について，Xは，どのような方法で確認することができるであろうか。

第1に，前記のとおり，株式会社（その事業年度の末日において，その完全親会社等があるものを除く）に特定完全子会社がある場合には，当該特定完全子会社の名称等を事業報告の内容とすることを要する（会施規118条4号）。これにより，Xは，上記aの要件が充足されているか否かを確認することができる。

第2に，事業報告によっては上記aの要件の充足の有無を確認することができない場合はどうか。①A社の総資産額については，Xは，株主として，同社の貸借対照表により確認することができる（437条，438条，440条，442条）。なお，株式会社の取締役に対する損害賠償請求権（423条1項）の消滅時効期間は10年間であるところ（最判平成20年1月28日民集62巻1号128頁参照），貸借対照表を含む計算書類の保存期間は作成時から10年間である（435条4項）。②A社におけるB社株式の帳簿価額については，会計帳簿の閲覧等の請求により確認することができる（433条）。会計帳簿の保存期間は，その閉鎖時から10年間である（432条2項）。ただ，この権利は，総株主

の議決権等の３％の保有が要求される少数株主権である。また，近時の開示府令の改正により連結財務諸表を作成している場合は「関係会社株式」を含む一定の事項の記載を省略することができることとなった（平成26年３月26日内閣府令第19号による改正後の開示府令第二号様式記載上の注意（73））ので，A社の有価証券報告書の記載によっては上記帳簿価額を確認することができないことが多い。上記帳簿価額を確認するための簡便な方法に関する規定が一層整備されることが望まれる（以上につき，前掲・平田（上）・120～121頁参照）。

(イ)　他方，B社は，上記aの要件について，どのような方法で確認することができるであろうか。

　第１に，株式会社の子会社は，当該株式会社の債権者でない限り，当該株式会社の事業報告を含む計算書類等の閲覧等の権利を有しない（442条）。ただ，前記のとおり，受理日から５年間に限り，B社は，公衆縦覧に供されたA社の有価証券報告書の添付書類の一つである事業報告の内容を確認することができる。

　第２に，事業報告によっては上記aの要件の充足の有無を確認することができない場合はどうか。①A社の総資産額については，同社が有価証券報告書提出会社であるときは，有価証券報告書の記載により確認することができる（440条４項参照）。A社が有価証券報告書提出会社でないとき，またはその公衆縦覧期間が経過しているときは，公告等された貸借対照表またはその要旨（440条１項から３項まで）により，これを確認することができる。ただ，電子公告又は電磁的方法による貸借対照表の開示の期間は，いずれも定時株主総会の終結の日後５年間である（940条１項２号，440条３項）。②A社におけるB社株式の帳簿価額については，B社は，A社から，事実上，教示を受けることとなろう。A社の有価証券報告書の記載によっては上記帳簿価額を確認することができないことが多いことについては，前記のとおりである。

(3) 特定責任追及の訴えの提起に至る手続き
(i) 提訴請求

原則として，XのB社に対する提訴請求が必要である（847条の3第1項本文。例外につき同条9項参照）。この提訴請求においては，被告となるべき者，請求の趣旨及び請求を特定するのに必要な事実，最終完全親会社等の名称及び住所並びに当該最終完全親会社等の株主である旨を書面に記載等することを要する（会施規218条の5）。Xによる提訴請求を受けるに当たり，監査役設置会社であるB社を代表する者は，同社の監査役である（386条2項1号）。

次のいずれかに該当する場合は，この提訴請求をすることができない（847条の3第1項ただし書）。

　a　特定責任追及の訴えが当該株主若しくは第三者の不正な利益を図りまたは当該株式会社若しくは当該最終完全親会社等に損害を加えることを目的とする場合

　b　当該特定責任の原因となった事実によって当該最終完全親会社等に損害が生じていない場合

例えば，A社がB社から利益を得た場合や，B社の兄弟会社に利益が移転した場合がこれに当たり得る。

(ii) 提訴請求後の手続の概要

　a　監査役設置会社であるB社の監査役は，Xから提訴請求を受けたときは，提訴請求日から遅くとも60日以内に（後記c参照），特定責任追及の訴えを提起するか否かを決定する必要がある。

　　この決定の過程において，B社の監査役は，調査の上，Yの責任の有無，当該責任の有無の判断に係る理由，Yに責任があると判断したにもかかわらず特定責任追及の訴えを提起しないときはその理由等を検討する必要がある（会施規218条の7参照）。

　　B社の監査役による調査に関し，同社に関する事項については，改正前と同様である（改正前の株主代表訴訟に関するものであるが，公益社団法人日本監査役協会「監査役監査基準」49条2項（平成23年3月10日

最終改正）参照）。

　これに対し，A社に関する事項を調査する必要があるときは，実務上悩ましい問題が生じ得る。例えば，責任の原因となった事実の全部又は一部が，A社の指示による場合や，A社とB社との間の取引等である場合である。親会社の監査役が子会社について調査をする場合（381条3項，4項）とは異なり，子会社であるB社の監査役が親会社であるA社について調査をする権限を付与する旨の規定は存しない。親会社としての支配力を背景に，A社の取締役がB社の監査役による調査に協力しない事態も生じ得る。このような場合，B社の監査役としては，不提訴理由通知書に，上記の協力を得ることができなかった旨を記載したい（会施規129条1項4号参照）ところであろうが，実際にはそれは困難であろう。このような場合のA社の協力を含む特定責任追及の訴えに係る同社の対応に関する事項について，同社の内部統制システム（362条4項6号）の一部として定めておくことが望ましい（平田和夫「多重代表訴訟に関する訴訟手続上の諸論点（下）」ビジネス法務13巻2号112頁（2013年）参照）。

b　B社が，提訴請求日から60日以内に特定責任追及の訴えを提起しない場合において，XまたはYから請求を受けたときは，当該請求をした者に対し，遅滞なく，特定責任追及の訴えを提起しない理由を書面その他の法務省令で定める方法により通知しなければならない（847条の3第8項）。この通知においては，株式会社が行った調査の内容（次の判断の基礎とした資料を含む），被告となるべき者の責任または義務の有無についての判断及びその理由，当該者に責任または義務があると判断した場合において，特定責任追及の訴えを提起しないときは，その理由を書面に記載等することを要する（会施規218条の7）。

　監査役設置会社であるB社の監査役が特定責任追及の訴えを提起しないこととした場合，その理由には，手続上のものと実体上のものとがある。

(ア) 手続き上の理由には，提訴請求がないこと，提訴請求が無効であることが考えられるが，後者の場合には，少数株主権の要件を満たさないこと（847条の3第1項本文），Xに図利加害目的があること（同項1号），A社に損害がないこと（同項2号），B社株式の帳簿価額がA社の総資産額の20％超でないこと（同条4項）等が考えられる。

(イ) 実体上の理由には，典型例として，経営判断の範囲内であることが考えられる。この点に関し，例えば，A社の指示によりYが問題となる行為を行った場合について考えてみたい。この場合，YがA社の指示に従ったことが許容されるとの主張の根拠として，B社がA社のグループに属することによる利益を享受していることを主張することができるか否かが問題となるが，可能であると考える。一般論として，問題となる行為について株式会社と取締役との間に利益相反の関係があるときは，同原則は適用されず，またはその適用は制限されると解されている。特定責任についてみると，実質的な観点からYがその利益を擁護すべき相手方は，B社及びその100％親会社であるA社というよりは，むしろ同社の株主であろう。B社がA社のグループに属することによる利益を享受していることを主張する場合，Yの責任が否定されやすくなり，結果として，A社の株主の利益が害されるおそれがある。このような意味で，YとA社の株主との間には，実質的にみて利益相反の関係が存在し得る。しかし，Yの行為によりY自身が享受する利益は，将来，A社を頂点とする企業グループにおいて有利な地位に就くことや報酬の増額を期待することができるという程度にとどまるであろう。この程度の将来の利益あるいは期待をYが享受することを理由として経営判断原則の適用を否定し，またはこれを制限することは，同原則の趣旨にそぐわないように思われる（以上につき，前掲・平田（下）・112～113頁，会社法制部会資料25，第2部第2【A案】の②，神作裕之「親子会社とグループ経営」江頭憲治郎編『株式会社法大系』87～88頁（有斐閣，

2013年）参照）。
　　c　B社が提訴請求日から60日以内に特定責任追及の訴えを提起しないときは，Xは，同社のために，特定責任追及の訴えを提起することができる（847条の3第7項。例外につき同条9項参照）。

(4)　**特定責任の免除等**
(i)　**総株主の同意による免除**
　Yの責任の全部を免除するには，B社の総株主であるA社の同意だけでなく，同社の総株主の同意も必要である（847条の3第10項）。

(ii)　**株主総会決議による一部免除**
　Yの責任の一部の免除をB社の株主総会決議により行おうとするときは，同社の株主総会決議だけでなく，A社の株主総会決議も必要である（425条1項）。

(iii)　**取締役会決議による一部免除**
　Yの責任の一部の免除を取締役会設置会社であるB社の定款の定めに基づく取締役会決議により行おうとするときは，同社の総株主の議決権の3％以上を有する株主（すなわちA社）に対してだけでなく，A社の総株主の議決権の3％以上を有する株主に対しても，いわゆる異議権を付与している（426条5項から7項まで）。

(iv)　**責任限定契約**
　責任限定契約締結後における責任の原因となった事実等の一定の事項の開示は，B社の株主総会においてだけでなく，A社の株主総会においても，これを行う必要がある（427条4項）。

(5)　**特定責任追及の訴えに係る訴訟手続等**
(i)　訴訟費用等（847条の4），管轄（848条）については，株主による責任追及等の訴えの場合と同様である。

(ii)　**特定責任追及の訴えに係る訴訟への参加**
　　a　最終完全親会社等の株主の参加
　　　X以外のA社の株主は，特定責任追及の訴えに係る訴訟に，共同訴

訟人として，または当事者の一方を補助するため，参加することができる（849条1項）。

この参加の権利は，少数株主権ではない。
b　株式会社または最終完全親会社等の参加
(ア)　B社の参加

B社は，共同訴訟人として，または当事者の一方を補助するため，参加することができる（849条1項）。

この参加においてB社を代表する者は，同社の代表取締役であると解される（349条4項）。
(イ)　A社の参加

A社は，B社の株主であるときは，B社の株主としての地位に基づき，共同訴訟人として，または当事者の一方を補助するため，参加することができる（849条1項）。

A社は，B社の株主でない場合であっても，当事者の一方を補助するため，参加することができる（同条2項2号）。

これらの参加においてA社を代表する者は，同社の代表取締役であると解される（349条4項）。監査役設置会社であるA社がB社の株主である場合において，A社がB社に対し特定責任追及の訴えに係る提訴請求をし（847条1項，386条2項4号），またはA社がYを被告として特定責任追及の訴えを提起するとき（847条3項，386条1項3号）は，A社を代表する者はいずれも同社の監査役であるが，これらの場合と混同しないよう注意を要する。
(ウ)　上記(a)及び(b)に共通する事項

B社又はA社がYを補助するため，特定責任追及の訴えに係る訴訟に参加するには，監査役全員の同意（監査役設置会社の場合）を得る必要がある（849条3項1号）。

B社またはA社の補助参加については，旧会社法849条1項に関する解釈と同様，補助参加の利益を要しないと解される。

NO.29　多重代表訴訟

　　Xの提訴請求に瑕疵がある場合であっても，B社が参加時及びその後に当該瑕疵に何ら言及しないときは，当該瑕疵は治癒され，Yは特定責任追及の訴えの却下を求めることができないこととなると解される（東京高判平成26年4月24日金判1451号8頁参照）。これに対し，A社が参加時及びその後に当該瑕疵に何ら言及しない場合であっても，同社は訴訟物の権利主体ではないので，当該瑕疵は治癒されないと解される（前掲・平田（上）・117頁参照）。とりわけB社が参加する場合には，Xの提訴請求の瑕疵の存在がわずかでも疑われるときは，当該瑕疵の存在を主張しておくことが無難であろう。

(iii) **特定責任追及の訴えに係る通知・公告に関する手続の特則**

a　Xは，特定責任追及の訴えを提起したときは，遅滞なく，B社に対し，訴訟告知をする必要がある（849条4項）。

b　B社は，上記訴訟告知を受けたときは，遅滞なく，その旨を公告し，または株主に通知する必要がある（同条5項。同社が公開会社でないときは，通知に限られる（同条9項））。ただし，A社がB社の発行済株式の全部を有するときは，次に述べるA社に対する通知に代えることができる。

　　B社は，A社に対しても，遅滞なく，上記訴訟告知を受けた旨を通知する必要がある（同条7項）。この通知を受けるに当たり，監査役設置会社であるA社を代表する者は，同社の監査役である（386条2項4号）。

c　A社は，上記通知を受けたときは，遅滞なく，その旨を公告し，またはその株主に通知する必要がある（同条10項2号。同社が公開会社でないときは，通知に限られる（同条11項））。

(iv) **証拠収集**

a　Xは，親会社社員（31条3項）として，B社に対し，会計帳簿の閲覧等の請求をすることができる（433条3項）。

　　これに対する不許可事由（同条4項，2項各号）の一つである同項

2号については，業務の遂行を妨げられ，利益を害される対象は会計帳簿を作成する株式会社のみを意味すると解される。したがって，B社は，A社の業務の遂行が妨げられること等を不許可事由として主張することはできない。

　b　Xは，親会社社員として，B社に対し，取締役会議事録の閲覧等の請求をすることができる（371条5項）。

　これに対する不許可事由は，「当該取締役会設置会社又はその親会社若しくは子会社に著しい損害を及ぼすおそれがあると認めるとき」と規定されている（同条6項）。したがって，B社は，A社に著しい損害を及ぼすおそれがあることを不許可事由として主張することができる（以上につき，前掲・平田（下）・113～114頁参照）。

　c　特定責任追及の訴えに係る訴訟において，Xは，文書送付嘱託の申立て（民訴法226条）や文書提出命令の申立て（同法221条）をすることができる。

　なお，信用金庫の会員が代表訴訟において当該信用金庫の貸出稟議書につき文書提出命令の申立てをしたことは，当該貸出稟議書が民訴法220条4号ハ所定の「専ら文書の所持者の利用に供するための文書」に当たらない特段の事情とはいえない（最決平成12年12月14日民集54巻9号2709頁）。この考え方は，最終完全親会社等の株主が特定責任追及の訴えに係る訴訟において株式会社の貸出稟議書につき文書提出命令の申立てをした場合についても当てはまると解される。

(v)　判決効

特定責任追及の訴えに係る訴訟の判決が確定した場合，その効力は，B社に対しても及ぶが（民訴法115条1項2号），そのことの反射的効果としてA社及び同社の株主に対しても及ぶと解される（853条1項参照）。

(vi)　和解

A社は，訴訟参加をしていないときは，利害関係人として和解に関与することが望ましい。この場合，同社を代表する者は，同社の代表取締役である

(349条4項)。監査役設置会社である同社の監査役の同意は，不要である(849条3項1号参照)。

(vii) **A社の取締役（Z）の責任を追及する訴えとの関係**

Yの行為がA社の取締役（Z）の指示による場合や，Yの行為についてZに監視義務違反がある場合（最判平成26年1月30日判時2213号123頁の原判決である福岡高判平成24年4月13日金判1399号24頁参照）には，XがZを被告として株主による責任追及等の訴えを提起することが考えられる。

 a この訴えと特定責任追及の訴えとの関係が問題となるが，訴訟の目的である権利義務が同一の事実上及び法律上の原因に基づくものとして（民訴法38条前段），両訴えのいずれかの請求について管轄権を有する裁判所に併合提起をすることができると解される（同法7条）。

  ただ，B社は重要な子会社であるから，A社と本店所在地を共通にすることが多いと思われるので，仮に同法38条前段の要件を満たさない場合であっても，同一の裁判所への併合提起に支障が生ずることは少ないであろう。

 b 確定判決の効力は，特定責任追及の訴えに係る訴訟については，前記のとおり，A社に対しても及ぶと解される。他方，上記株主による責任追及等の訴えに係る訴訟についても，A社に及ぶ（同法115条1項2号）。しかし，重要な争点を共通にするにすぎないので，両訴訟は，類似必要的共同訴訟ではなく，通常共同訴訟の関係にあると解される（以上につき，前掲・平田（下）・115頁参照）。

(6) 利益供与に係る規律等の見直し

（ⅰ）株式会社は，最終完全親会社等の株主の権利の行使に関し，財産上の利益を供与してはならない（120条1項）。

株式会社の取締役等が，最終完全親会社等の株主の権利の行使に関し，財産上の利益を供与する行為についても，利益供与罪の対象となる（970条1項）。最終完全親会社等の株主の権利の行使に関し，財産上の利益を供与することを要求した者も，処罰の対象となる（同条3項）。

(ii) 特定責任追及の訴えの提起等に関する贈収賄についても，株主等の権利の行使に関する贈収賄罪の対象となる（968条1項4号，5号）。

Ⅳ　経過措置

施行日（平成27年5月1日）前にその原因となった事実が生じた特定責任については，847条の3の規定は，適用されない（附則21条3項。なお，前掲・平田（下）・16頁参照）。

会施規118条4号の規定について，施行日前にその末日が到来した事業年度のうち最終のものに係る株式会社の事業報告及びその附属明細書の記載または記録については，なお従前の例による（平成27年法務省令第6号附則2条6項本文）。

（平田　和夫）

第 7 編　登記に関する改正

NO.30 登記事項
911条

改正のポイント

◆監査等委員会設置会社，責任限定契約を締結している社外取締役等，監査役の監査の範囲について，登記事項の改正が行われている。

I 監査等委員会設置会社について

(1) 監査等委員会設置会社については，次の事項が登記事項とされている（911条3項22号）。

 (i) 監査等委員会設置会社であるときは，その旨
 (ii) 監査等委員である取締役及びそれ以外の取締役の氏名
 (iii) 取締役のうち社外取締役であるものについて，社外取締役である旨
 (iv) 399条の13第6項の規定による重要な業務執行の決定の取締役への委任についての定款の定めがあるときは，その旨

(2) 上記(1)(ii)が登記事項とされているのは，監査等委員である取締役については，取締役の地位と監査等委員の地位とが不可分であるので，それ以外の取締役と区別する必要があるからである。

同(iv)が登記事項とされているのは，このような定款の定めの有無及び内容は，どのような性質の取締役会を指向するかにかかわるからである（以上について，坂本三郎編著『一問一答　平成26年改正会社法』69頁～70頁（商事法務，2014年）参照）。

II 責任限定契約を締結している社外取締役等について

(1) これまでの制度

旧会社法911条3項25号及び26号は，責任限定契約についての定款の定めが社外取締役または社外監査役に関するものであるときは，取締役のうち社外取締役であるものまたは監査役のうち社外監査役であるものについて，それぞれ社外取締役又は社外監査役である旨を登記事項としていた。

(2) 改正の経緯及び詳細

改正法では，責任限定契約を締結することができる取締役または監査役を「社外」かどうかではなく「業務執行」を行うかどうかで区分することとして，業務執行取締役等でない取締役であって社外取締役でないもの及び社外監査役でない監査役についても，株式会社との間で責任限定契約を締結することができることとしている（427条1項）。

そこで，上記(1)の事項を登記事項として定める旧会社法911条3項25号及び26号を削ることとされた。

(3) 経過措置

株式会社についてこの法律の施行の際現に旧会社法911条3項25号または26号の規定による登記がある場合は，当該株式会社は，当該登記に係る取締役または監査役の任期中に限り，当該登記の抹消をすることを要しない（附則22条2項。以上について，前掲・坂本編著・116～122頁参照）。

III 監査役の監査の範囲について

(1) これまでの制度

監査役の監査の範囲を会計に関するものに限定する旨の定款の定めがある株式会社であること（389条1項）は，登記事項ではなかった。

そのため，株式会社が公開会社，監査役会設置会社または会計監査人設置会社のいずれでもないときは，登記上は，当該株式会社が監査役設置会社（2条9号）であるか否かが区別されていなかった。

(2) 改正経緯

　しかし，例えば，株式会社と取締役との間の訴訟について，当該株式会社を代表する者は，当該株式会社が監査役設置会社であるときは監査役（386条1項1号），それ以外であるときは株主総会または取締役会で定めた者（353条，364条）のない限り代表取締役（349条4項）である。改正前の規律によると，とりわけ取締役であった者が株式会社を被告として訴えを提起する場合，当該株式会社の代表者を誤るおそれがある。現に，取締役であった者の監査役設置会社に対する訴訟において，原審以来当該会社の代表取締役を代表者として取り扱ってきたが，控訴審裁判所が，弁論を終結して判決言渡期日を指定した後ようやく代表者が監査役であったことに気づき，弁論を再開したものの，監査役が出頭せず，結局，訴訟手続の違法により原判決を取り消し，原審に差し戻した事案として，知財高判平成22年3月31日裁判所HPがある（ただ，この裁判例において原審の原告が被告の代表者を代表取締役とした理由は不明である）。

　また，例えば，株主による責任追及等の訴えに係る提訴請求を受ける場合における株式会社を代表する者に関する規律も，上記の株式会社と取締役との間の訴訟の場合と同様である（386条2項1号）。この場合も，改正前の規律によると，株主が提訴請求をする場合，当該株式会社の代表者を誤るおそれがある（農業協同組合に関する事案であるが，最判平成21年3月31日民集63巻3号472頁参照。ただ，この最判の事案は，提訴請求の相手方について，業務監査権限のある監事とすべきところ代表理事としたものである）。

　このような法の不備に対し，一部の裁判所では，定款の写しを当事者である株式会社に提出させているようであるが（臼井一廣＝伊藤敬史「特集　東京地裁書記官に訊く：商事部編」Libra14巻11号4頁（東京弁護士会，2014年）参照），定款の記載のみによっては，必ずしも当該株式会社の代表者を確定できるわけではない（以上につき，平田和夫「監査役の権限に関する登記簿上の問題点と現行法改正への提言」監査役580号80頁（2011年）参照）。

(3) 改正の詳細
(i) 登記事項の追加

　監査役の監査の範囲を会計に関するものに限定する旨の定款の定めがある株式会社であるときは，その旨を登記事項に加えた（911条3項17号イ。以下この登記事項を「本登記事項」という）。

　本登記事項は，商業登記規則等の一部を改正する省令（平成26年法務省令第33号）による改正後の商業登記規則別表第五の「役員区」に置かれている。したがって，監査役の就任（重任）登記に係る登記申請と同時に本登記事項に係る登記申請をする限り，前者に要する登録免許税の額のみを納付すれば足りる（登録免許税法9条，別表第一24(1)カ）。

　なお，特例有限会社については，当該定めがある特例有限会社である旨は，登記事項とされていない（会社法の一部を改正する法律の施行に伴う関係法律の整備等に関する法律（平成26年法律第91号）14条による改正後の会社法の施行に伴う関係法律の整備等に関する法律43条1項）。

(ii) 改正法施行後の実務について

　　a　株式会社について本登記事項が登記簿に記録されている場合は，当該株式会社が監査役設置会社（2条9号）でないことは明らかである。

　　b　これに対し，株式会社について本登記事項が登記簿に記録されていない場合は，当該株式会社が監査役設置会社であるか否かは，登記事項証明書の記載により明らかとなる場合が多いであろう。

　　　しかし，これが明らかとならない場合もあり得る。第1に，後記(4)のとおり，改正法の施行の際現に監査役の監査の範囲を会計に関するものに限定する旨の定款の定め（以下「本定め」という）がある株式会社は，改正法の施行後最初に監査役が就任し，または退任するまでの間は，本登記事項の登記をすることを要しない（附則22条1項）。この期限までの間は，本登記事項が登記簿に記録されていない場合であっても，当該株式会社が監査役設置会社でない可能性がある。監査役の任期が伸長されているときは（336条2項），この可能性が改正法

施行後10年間近く存続する場合があり得る。第2に、登記申請を怠ったときは過料に処せられる（976条1号）ものの、本登記事項に係る登記申請が懈怠される可能性がある。電磁的公正証書原本不実記録罪（刑法157条1項）の成立には「申立て」が必要であるから、不作為により本定めの有無について実体と登記とが齟齬していたとしても、同罪が成立する余地はない。

これらの可能性を前提とすると、改正法の施行後も、当事者である株式会社が監査役設置会社であるか否かが問題となる訴訟類型（前記(2)参照）においては、裁判所の適切な訴訟指揮により、定款の写しまたは本定めの設定に係る株主総会の議事録（当該株式会社が本定めがあることを主張している場合において、本定めの記載が定款になく、かつ、当該議事録を提出することができないときにあっては、定款の写し及び本定めがあることを証する書面（後掲・通達第2部第9の4(2)、後掲・南野・72〜73頁参照））を当該株式会社に提出させることが望ましい。

c　株式会社（Y）の取締役であった者（X）がYを被告として訴えの提起をした際、Xが取得したYに係る登記事項証明書に本登記事項が記載されていなかったので、Yの代表者を監査役（Z）としたものの、Yは監査役設置会社ではなかった事案について検討する。Zが提出した定款の写しに本定めが記載されていなかったとしよう（会社法の施行に伴う関係法律の整備等に関する法律（以下「会社法整備法」という）53条参照）。Zが、Yに不利な訴訟の結果となる見込みが生じた場合に、突如として、本登記事項に係る登記申請を代表取締役を通じて行い、本登記事項の記載された登記事項証明書を裁判所に提出して、訴えの却下を求める答弁をしたとする。

この場合、908条1項の規定は適用されないものと解される（平成17年法律第87号による改正前の商法12条に関するものであるが、最判昭和43年11月1日民集22巻12号2402頁参照）。したがって、Xは、「登記すべき事項である本定めについてYは登記していなかったのであるから、

Yは，Xに対し，本定めがあることを対抗することができない。」旨の主張をすることはできない。また，Yの代表取締役が当該訴訟に何ら現れていない場合に，訴訟上の代表権の欠缺について当該代表取締役の追認を認定することは困難である（前掲・知財高判参照）。

　上記bの第1の場合は，当該期限までの間は，Yは，本登記事項に係る登記申請義務を負っていない。また，Yはその債権者等による定款の閲覧等の請求（31条2項，3項）に応じるときは，定款にその定めがあるとみなされる事項（会社法整備法53条の規定によるものを含む。）を開示することを要するが（同法77条），訴訟係属中にXによる当該請求があったとしても，Yは，通常，Xの請求を争い，Xが「債権者」に該当しない旨の主張立証をするのであるから，事実審の口頭弁論終結前にYが本定めの存在について開示をしなかったとしても，一概にYを非難することはできない。この場合に，Zによる訴えの却下を求める旨の上記答弁が訴訟上の信義則（民訴法2条）に違反するというためには，裁判長が再三にわたり本定めの存否を明らかにするよう指示をしたのに対し，Zが本定めの存在を否定していた場合等に限られよう。

　ただ，XがYの株主であるときは，Yは，Xによる定款の閲覧等の請求に応じなければならない。この場合，Yは上記開示の義務を負うのであるから，Zによる上記答弁は，訴訟上の信義則に違反すると評価されることが多いであろう。

　また，上記bの第2の場合は，Yは本登記事項に係る登記申請を懈怠しているのであるから，Zによる上記答弁は，訴訟上の信義則に違反すると評価されることが多いであろう。

d　なお，付言すると，本改正によっても上記のような問題が生ずるのは，訴訟上の代表権の所在及びその公示について，定款自治（389条1項）及びその延長線上の規律（911条3項17号イ）によるためである。訴訟上の代表権の所在については，一義的に規律することが望まし

い。そもそも，業務執行と業務監査とは異質の行為であるから，業務監査権限のある者であれば訴訟追行（＝業務執行）を担わせるにふさわしいとの蓋然性は，根拠に乏しいように思われる。株式会社とその取締役（であった者）との間の訴訟等について当該株式会社を代表する者を一律に監査役とする規律の当否を含め，今後もこの点の立法に関する検討が続けられていくことが望まれる。

(4) 経過措置

改正法の施行の際現に監査役の監査の範囲を会計に関するものに限定する旨の定款の定めがある株式会社は，改正法の施行後最初に監査役が就任し，又は退任するまでの間は，911条3項17号イに掲げる事項の登記をすることを要しない（附則22条1項）。

平成25年末現在の特例有限会社を除く株式会社（清算中の会社を除く）の数は約171万社であるところ（野口宣大「商業・法人登記制度をめぐる最近の動向」商事法務2055号64頁（2015年）），このうちの大部分が本定めがある株式会社（会社法整備法53条により本定めがあるとみなされているものを含む）であると推測されるので，登記実務上の混乱を回避するためである（以上について，前掲・坂本・340～343頁参照）。

Ⅳ 通達等

以上の改正に係る登記手続に関し，「会社法の一部を改正する法律等の施行に伴う商業・法人登記事務の取扱いについて」（平成27年2月6日法務省民商第13号法務省民事局長通達），「会社法の一部を改正する法律等の施行に伴う商業・法人登記記録例について」（平成27年2月6日法務省民商第14号法務省民事局商事課長依命通知）が発出されている（南野雅司「『会社法の一部を改正する法律等の施行に伴う商業・法人登記事務の取扱いについて（平成27年2月6日付け法務省民商第13号民事局長通達）』の解説」登記研究804号1頁（2015年）参照）。

（平田　和夫）

編著者　略歴　（五十音順）

植松　勉（うえまつ　つとむ）
　弁護士（東京弁護士会），日比谷T&Y法律事務所パートナー
　立教大学大学院独立研究科講師
　主な著書として，『企業のための契約条項有利変更の手引』（編著，新日本法規出版），『新・株主総会ガイドライン〔第2版〕』（共著，商事法務），『監査役監査の基本がわかる本』（共著，同文舘出版）等

大久保　拓也（おおくぼ　たくや）
　日本大学法学部教授
　日本大学法学部助手，専任講師，助教授，准教授を経て，現在同大学教授
　（共著）根田正樹＝坂田純一＝丸山秀平編著『一般社団法人の法務と税務』（財経詳報社，2008年）
　（共著）根田正樹＝大久保拓也編『支払決済の法としくみ』（学陽書房，2012年）
　（共著）松嶋隆弘編著『会社法講義30講』（中央経済社，2015年）

金澤　大祐（かなざわ　だいすけ）
　日本大学大学院法務研究科助教
　弁護士（堀口均法律事務所）

鬼頭　俊泰（きとう　としやす）
　日本大学商学部准教授
　1981年　東京都生まれ
　2008年　八戸大学（現　八戸学院大学）ビジネス学部専任講師
　2011年　日本大学商学部助教
　2015年　日本大学商学部准教授（現在に至る）

木屋　善範（きや　よしのり）
　慶應義塾大学法学部法律学科卒業
　1997年　弁護士登録
　河村法律事務所
　東京弁護士会税務特別委員会副委員長

稗田　さやか（ひえだ　さやか）
　2007年　弁護士登録
　表参道総合法律事務所

平田　和夫（ひらた　かずお）
　平田総合法律事務所所長
　日本弁護士連合会司法制度調査会商事経済部会特別委嘱委員（商事法制）
　東京弁護士会法制委員会副委員長（商事法制）
　東京弁護士会民事司法改革実現本部委員（商事裁判）
　法務省法制審議会会社法制部会随行員（2010～2012年）

古田　利雄（ふるた　としお）
　弁護士法人クレア法律事務所代表社員弁護士　1991年　弁護士登録
　ベンチャー起業支援をテーマに活動を続けている。トランザクション・ナノキャリア等上場企業の社外役員も兼務。53歳。東京都出身。
　日本大学法学部法律学科卒
　東京弁護士会会社法部

松嶋　隆弘（まつしま　たかひろ）
　日本大学法学部教授
　弁護士（みなと協和法律事務所）

深山　徹（みやま　とおる）

　中央大学法学部法律学科卒業

　1998年　弁護士登録（東京弁護士会）

　深山法律事務所

本井　克樹（もとい　かつき）

　1962年　京都生まれ

　1986年　中央大学法学部法律学科卒業

　2000年　大手不動産会社勤務を経て弁護士登録（東京弁護士会）

　本井総合法律事務所　代表弁護士

平成26年改正会社法のポイントと実務―施行規則完全対応―

平成27年8月8日　初版発行

編著者　改 正 会 社 法 研 究 会
発行者　宮 本 弘 明
発行所　株式会社　財経詳報社

〒103-0013　東京都中央区日本橋人形町1-7-10
電　話　03（3661）5266（代）
FAX　03（3661）5268
http://www.zaik.jp
振替口座　00170-8-26500

落丁・乱丁はお取り替えいたします。　　　　印刷・製本　平河工業社
©2015　　　　　　　　　　　　　　　　　　Printed in Japan 2015
　　　　　　　　ISBN　978-4-88177-537-0